"不忘初心 缅怀先烈"丛书

陈 新 张采鑫◎主编

农运大王泣鬼神
彭 湃

郭雯婷 著

花山文艺出版社

河北·石家庄

图书在版编目（CIP）数据

农运大王泣鬼神：彭湃 / 郭雯婷著. —石家庄：花山
文艺出版社，2023.1（2025.1重印）
（"不忘初心 缅怀先烈"丛书 / 陈新，张采鑫主编）
ISBN 978-7-5511-6039-1

Ⅰ. ①农… Ⅱ. ①郭… Ⅲ. ①传记文学－中国－当代
Ⅳ. ①I25

中国版本图书馆CIP数据核字（2022）第007746号

丛 书 名：“不忘初心 缅怀先烈”丛书
主　　编：陈 新　张采鑫
书　　名：**农运大王泣鬼神——彭湃**
　　　　　Nongyun Dawang Qi Guishen —— Peng Pai
著　　者：郭雯婷

策　　划：张采鑫　王玉晓
特约编辑：王福仓
责任编辑：申　强
责任校对：李　鸥
封面设计：书心瞬意
美术编辑：王爱芹
出版发行：花山文艺出版社（邮政编码：050061）
　　　　　（河北省石家庄市友谊北大街330号）

销售热线：0311-88643299/48
印　　刷：北京一鑫印务有限责任公司
经　　销：新华书店
开　　本：700毫米×1000毫米　1/16
印　　张：7.5
字　　数：95千字
版　　次：2023年1月第1版
　　　　　2025年1月第5次印刷
书　　号：ISBN 978-7-5511-6039-1
定　　价：39.80元

Contents 目 录

引　子

广东省海丰县龙津河畔，有一座别样的建筑，它始建于清朝末年，虽几经烽烟依然坚固如新。

它坐北向南，看起来气派、富贵。主楼分两层，面宽三间，临河而居，宽敞明亮。它的前廊仿西式建筑，东侧有一个书斋，是中式的，名字很有特点，唤作"得趣书室"。

从表面看，这必是一所地方望族的宅邸，它可能见证了一个商贾的崛起，一个地主的富足，但是很少有人能够想到，这富贵中透着书卷气的宅邸中，却走出了一位足以让整个旧中国为之震颤的革命英雄人物——彭湃。

彭湃是中国无产阶级革命家，中国早期农民运动领导人。他出身地主家庭，为寻求救国之路曾留学日本。他穿着一身洋装，顶着少爷名头，却投身中国农民运动，在海丰首倡农民革命。为了理想，他从自己的家庭中走了出来，脱掉大少爷的西装礼帽，赤着脚走进农家的田间地头。他在海丰成立了中国第一个农会，初建之时只有6个人，称为"六人农会"，尔后以星火燎原之势，成为海丰、广东乃至整个中国农民运动的样板，在全体国人面前上演了一幕前所未有的大戏。

他让农民成为中国革命的主角，这群自古没有话语权力，进而已经习惯沉默的人，在他的启发与激励下，带着理想的热情，发出面向自由、面向平等与富足的呼喊。

彭湃，在祖父眼中是家族振兴的希望，是状元苗子，天降的甘泉；在如父的长兄眼中，是败家子，是叛徒，是家门的不幸；在当地农民的眼中是"菩萨"，是无所不能的神灵；在士绅、军阀眼中是自毁前途的莽汉，他领导的农民运动是痞子运动，糟得很；在毛泽东眼中则是"农运大王"，他领导的农民运动，打倒土豪劣绅，惊天地泣鬼神，好得很。

为救国家于危难，救民众于困苦，彭湃年少时反对袁世凯称帝，青年时造北洋军阀的反，任职教育局长时推行五四新思想。他发动农民，不惜烧毁让无数人梦寐以求的田约地契，从田公变成田仔。他积极探索新生，加入中国共产党，为了北伐战争辅助孙中山先生办农民运动讲习所。他在减租斗争中身先士卒，斗志昂扬，几乎身死阵前。大革命失败后，他又与中国共产党的主要领导同志一起筹划、领导南昌起义，在海陆丰建立中国第一个农村苏维埃政权，让共产主义的理想第一次在中国大地上扎根。接着，他不畏艰险随战友们转战大南山，身处无枪无弹、无衣无粮的困窘之境，与数倍之敌英勇斗争，始终乐观、昂扬，理想与信仰从未失落。

徐向前元帅曾和他并肩作战，他说彭湃同志在艰苦的环境中，能和农民打成一片，碗中有鸡屎也能端起就吃，对艰苦的环境从来处之泰然。

1928年11月，经中央决定，彭湃被调到上海，与周恩来等同志一起主持中央军委工作。

1929年8月30日，因叛徒的出卖，彭湃在上海租界被捕；6天后，壮烈牺牲，年仅33岁。

围绕着彭湃的被捕、牺牲，中共特科在上海滩上演了一幕中国现代史上最惊心动魄、也是最让人扼腕叹息的营救。周恩来、陈赓等人与身在南京的蒋介石有形无形地角力，背叛、忠贞、锄奸……逐一上演，在理想的悲歌之中，续写下永不磨灭的红色传奇。

这就是彭湃，人如其名，一生短暂，却如长虹贯日，纵消逝而精神永存。

一、彭家少年

1

1896年，中日甲午战争的硝烟刚刚散尽，变法、革命，中国的有识之士都在为这个病入膏肓的国家奔走，他们急需为这个国家找到一条生存下去的道路。而此时，地处广东东部的海丰县城，一户彭姓人家，正在紧张而喜悦地忙碌着。

海丰是当时粤东地区著名的交通枢纽，而彭家是当地有名的富贵之家，高墙围拢，庭院深深。它和当时所有的中国大家庭一样，几代人聚族而居，有一位年长的当家人，他精明、能干，膝下儿女成行，仆役毕恭毕敬，对这个家、家里的人有绝对的威严，他叫彭藩。他自幼开始学做生意，精明又能吃苦，很快有了自己的产业——一家杂货店。借着清末开商、洋气东来的风，他的生意越做越大，屯下来丰厚的家底。他又像所有传统的中国大家长一样，把从外边、商业中赚到的钱，一分一分变作土地，变作宅院，变作儿女。事实上，我们在彭湃所著的《海丰农民运动》一书中可以清楚地看到他对自己家庭情况的自述："祖父彭藩是个工商业者兼地主，拥有铺面40余间，年收租1600余石谷，高利贷400多石谷。"可见，这个彭老太爷着实有着殷实的家境，也为彭湃的成长提供了非常良好的生活环境。

所以，此刻的彭藩像弥勒佛一样，笑呵呵地端坐在堂屋中央，看家人忙碌，等待彭家又一个生命的降临。一个小家伙又要来分享他的富贵，在他的荫庇下过生活了，他满足于这种想象；或者，他会想得更长远一点儿。几十年来，他几经商场的沉浮，虽然挣得家大业大，但是彭家溯祖追源，再加上自己的几个儿子，没有一个能走进科场，博取个一官半职。先来的两个孙子呢，也是顽劣有余，文气不足，到底不是读书的材料。或者，这个会有所不同呢？新的生命，总是带来新的希望。突然，一声啼哭把他从遥远的想象中拉了回来，产婆笑嘻嘻地先进来报喜，又一个大胖孙子。老人笑得合不拢嘴，是个孙子，是个孙子，他的希望似乎已经实现了一半。而更让老爷子欢喜的是，他的希望很快有了回应。

有一天，家里的门房跑进来说："禀告老爷，门外有一身着白袍，花发白眉的算命先生求见。说是看咱们府上贵气萦绕，祥瑞当空，想进来看个究竟。"彭藩听后自然大喜，赶忙命人把算卦先生请了进来。一见面，算卦先生便双手合十，自头顶聚过，深深地鞠了一躬，说道："给老太爷道喜啦！"彭藩一听，自道："敢问先生喜从何来啊？"算卦先生说："贵府新添一丁，紫气东来，将来定然不凡，可有一番大作为。"彭藩听后自然非常高兴，赶忙命人把新生儿抱出来，让先生仔细端看。算卦先生前后打量了一番，又眯眼掐指，自言自语了一番，紧接着，他把自己平生所学的吉祥话一股脑儿倒给了这位富家翁。彭藩越听越高兴，越听心里越觉得这个大孙子来得正是时候，来得这样吉祥，简直就是他彭家光耀门楣的希望，对这位巧舌如簧的算命先生当然是极力地打赏。他知道虽然这种江湖术士的话并不足信，但是心底对这个小生命的期望却越来越强，他也觉得这个孩子的眉眼间似乎真有点儿不凡之气了。

从此，他对这个孙子疼爱有加，并亲自取了个乳名，叫做天泉，寓意是天降新泉，永泽吾家。

2

岁月荏苒，时间就像手指中的细沙，在不经意间匆匆流过。幼小的天泉在祖父特殊的关爱下，长到了6岁。他也确实天资聪颖，如灵童一般，学文认字一点即通，小小年纪便开始翻阅祖父书房里的各种典籍，看样子他的学识早已远远超出自己的同辈。祖父见了满心欢喜，还亲自把这个得意的孙子送到了离彭家不远的一家私塾，授馆的先生叫马紫卿，他是远近闻名的文化人，同时和彭家还有点儿远亲。彭藩觉得无论从情从理，他都是最值得托付的人。马先生也十分喜欢自己这个小学生，日日提点，用心教授。他希望有朝一日，自己的这个爱徒能做出一番大事业，成就一身大学问。

当然进了私塾的小天泉也不负众望，不仅成绩十分突出，各方面的天资也在日久天长中一一展现。除了学习日常的功课之外，他对绘画还表现出罕有的天赋。《三字经》《百家姓》这种开蒙之学，早就让他背得滚瓜烂熟，脱口而出。毛笔字在稚嫩的小手里写得也开始有模有样。一旦放学回家，他又见鸡画鸡，遇兔临兔，无不惟妙惟肖，家人们看在眼里，喜在心里。一方面，大家都顺着老太爷的心意，夸赞这个小神童；而另一方面，小天泉的天资也着实让人赞叹，让人喜欢。就连他的母亲周凤也在《湃的小史》中记述："湃少聪颖，超群儿，7岁能背诵古文，一无遗字，善楷工书。"

幼年的天泉不但天资聪颖，而且宅心仁厚。一次，他随母亲到祖父开的"彭名合"杂货店玩耍，碰见门口蹲着几个蓬头垢面、衣衫褴褛的乞丐。小天泉心生怜意，赶快央求母亲给几个铜板："母亲，天泉顿顿能吃上饱饭，天气冷了，也能在有炭火的屋子里玩耍，还能去私塾读书，可是这些穷人他们没有暖和的衣服穿，甚至连一顿热乎的饭都吃不上，多可怜啊！"母亲看着自己的儿子如此懂事，这般心地善良，立刻让店里的伙计准备了食物，分给这些可怜的乞丐。本来母亲以为是天泉一时善心大发，过去了就会忘记。没想到自此之后，天泉一有空就请家里人带着他拿着食物去分给沿街乞讨的穷人们。如果家人没空，他便自己动手，做些力所能及的吃食拿去分给大家。

尽管小天泉家境富裕，是个小少爷，但是在他心里，所有的人都是平等的。虽然阶级观念对他来说还是一个抽象并且遥远的概念，但他却用实际行动打破了这种可怕的不平等。那时的他喜欢剪纸、画画、糊风筝，每次都玩儿得不亦乐乎。他可不是独自快乐，小伙伴们不论贫富，都是他的好朋友。就像祖父曾经说过的一样："此儿是我家的千里驹，需善教养，我家以后的兴旺，完全和天泉一人大有关系。"或许在天泉幼小的心灵中已经有一颗种子在悄然无息地孕育着，只等将来破土而出，成为一株倔强而坚强的参天大树！

3

时光匆匆，又过了两年，小天泉离开私塾，被祖父送到了林祖祠小学，祖父给他取了个学名，叫彭汉育。

进了小学，彭湃的聪明就显露无遗了。他每次考试都是名列前茅，而且作文更是出色，每做一文就被老师贴出来当做范文供其他学生学习。作文在当时是科举考试最重要的内容，作文做得好，金榜题名就指日可待。而且彭汉育是书文俱佳，又家境优渥，这必是个可造之材，家人和老师看在眼里，同样兴奋。而汉育更可贵之处在于，他不仅自己聪颖，而且喜欢团结、帮助不如自己的同学，并不像有些富家少爷一样把自己看作是高高在上。同学们如果有什么难题，也都愿意请教他。他是有问必答，从不保留，看到仍不懂的同学，他还会一遍又一遍不厌其烦地讲解。就是因为他有这样的学识，又有这样可贵的品质，使得他在同学们中间建立起很高的威信。

有个这么优秀的孙子，彭老太爷当然是像怀揣着一个金疙瘩一般，口头心头的放不下，尤其逢年过节，就特意让孙子到人前炫耀一下，而自己则在一旁捻须欣赏，笑容堆在眼角两侧，既彰显了岁月在这个白发老人身上印证的沧桑，又对自己这个出息的孙子展露出无限的关爱。人们见那身量不高的彭湃凝神提笔，落笔如风，在众人的称道声中一个威风八面的虎字一气呵成，坚实有力，熠熠生辉。每逢此刻，老太爷彭藩总是抚掌大笑，命人赶紧装裱高悬，并叮嘱家丁万分小心。他高悬的仿佛不是字，而是上天对彭家的眷顾。这些年，老爷子虽然为彭家带来了富贵，但是他的人生也并非事事如意，长子早年夭折，次子又不幸离世，着实是他人生中无法抹去的阴影。而面对这个优秀的孙子，他慈爱的眼中泛着泪花，心中默默祷告：一切的希望都寄托在这个孙子身上了。有一次，他可能感觉自己年将垂暮，语重心长叮嘱彭湃的母亲："天泉乃我彭家最有希望的儿孙，要好好调教，有朝一日，必成大器。"此中骄傲，恐怕也是一种后继有人、横扫环宇的豪情的寄托吧。

4

少年彭湃在家人的期待中逐渐成长，他快乐生活的背景却是整个国家和民族不断加深的苦难。家中的高墙、祖父的关爱也挡不住日渐加深的苦难在中国的大地上留下的满目疮痍。当时的中国正处在历史的危局与变局当中，国外列强环视，野心勃勃，欲奴役中华。而腐朽的清王朝媚外欺内，要为其濒于死亡的命运做最后的挣扎。割地赔款，一纸纸不平等条约像束缚在中国老百姓身上的符咒，他们在艰难的生活中苦熬，实在无法忍耐就铤而走险，起义的声浪此起彼伏，像为大革命的开始做着最后的铺陈。辛亥革命之前，仅海丰就爆发了多次农民起义，起义英雄的事迹在当地群众中广为流传，当然，他们也成为少年彭湃心中追慕的偶像。

那时的彭湃迷上了学校门前龙津河畔的"龙门阵"。每天晚上，总有几个老人在彭湃的小学门前休息，一边摆弄手中的烟袋，一边聊起往事。老人们的侃侃而谈，畅抒胸臆，招揽了一帮听众。这中间当然少不了彭湃，每到没课的时候，他总是带着一帮孩子围拢过来，听老人们讲述古往今来的大英雄保家卫国、英勇善战的故事。岳飞精忠报国，却遭奸人诬陷，被人称颂"撼山易，撼岳家军难"，抱有赤诚之心，肝胆披沥，但却只留下无尽的哀叹；戚继光智勇双全，抗击倭寇，救无数百姓于水火之中，但是却惨遭诬陷，被夺职回乡……每当听到这些民族英雄深明大义、满腔热血的故事时，彭湃总是带领小伙伴鼓掌称赞。他那幼小的心灵被英雄的勇气一次又一次填满。

老人们有时也讲海丰的义军领袖黄履恭当年是如何的勇猛无敌，如何攻破县城，杀县令开粮仓；洪亚重如何造反，被捕后站在铁笼里还是一条好汉，临死还英勇不屈。在他们的讲述中，英雄的形象像一束光照在老人黧黑而褶皱的脸，同时也开启了彭湃少年时最深沉的感叹，其他孩子听得如痴如醉，但是讲完后便一哄而散，而彭湃总是央求老人们再讲一遍，他似乎永远也听不厌。

有一次，他若有所思地问："他们那么英勇，怎么会失败呢？"

老人回答："他们敌不过官兵啊。"彭湃不肯放弃，继续追问："那为什么敌不过呢？"老人们有的惊讶地看着这个孩子，有的赶紧顾左右而言他，实在抵不过孩子的追问，便只能苦笑一下说："问你们的先生去吧。"

彭湃当年的老师叫林晋亭，他虽然是个老秀才，但是忧国忧民，思想并不腐朽，有感时局的危急，他积极接受孙中山所倡导的资产阶级民主主义思想，成为同盟会会员。在教书过程中，他激情满怀地向自己的学生讲授民族大义，期待有一天能够驱除鞑虏重塑中华。这些思想都深深印刻在少年彭湃的心中。特别是民族英雄文天祥，他抵御外辱、英勇就义的壮举和"人生自古谁无死，留取丹心照汗青"的名句，光耀千古，而海丰则是文天祥最后一战的地方，他的塑像依然立在这里，供后人膜拜。每每念及此，少年彭湃总是心血沸腾，幼小的身体里升腾出一种莫名的神圣之感。他觉得自己被一种更为广大的存在所召唤，他未来的生活、未来的命运将与此相连。

但他现在仍不能明白，那么多英勇的战士为什么会在海丰失败，他更不明白，海丰之外，还有更大的谜团，他还没有找到那条指向光明的、令他执之生死的道路。

二、初露峥嵘

1

生活总是这样，以看似不经意的小情节安排大命运。彭湃也是如此。他虽然生在富裕之家，深得家族中最有权势的祖父疼爱，但他其实是庶出，母亲善良贤惠，但是身份卑贱。

他的母亲名叫周凤，出生在贫困农家，自小就被卖到了海丰县公平圩的黄姓地主家做丫鬟，17岁又被卖到了彭家做妾。在旧中国妾的地位尴尬而悲惨，虽然她处处小心、贤惠，不致遭人算计，但冷言冷语自然是少不了的。彭湃出生后母以子贵，处境才慢慢好起来。虽然，家庭地位改变了，生活变好了，但是母亲却从来不改简朴勤劳的习惯，对待家里那些曾经和自己一样贫苦的农民，也极富同情心。这样的言传身教，也影响了彭湃。他从来没有那些阔少的毛病，待人，尤其是对待家境贫寒的农家子弟，从来都是一视同仁，与他们结交，一起玩耍，对待自家的下人也都是谦和有礼。加上母亲常常给彭湃讲一些贫困农民吃不饱穿不暖的现实，让彭湃自小便有同情民间疾苦的善良之心。遇到灾年，讨饭的人扶老携幼，聚集到他家门前，他也总会叫家人送上一碗饭、一碗水，有时人们还会看到彭家的小少爷亲自端着碗施舍给穷苦的乞丐。这样，对广大底层民众的情感，一点一点养成了。他也慢慢体会到，自己的一些想法和行为与这个家庭，有点儿背离了，这让他陷入了深深的思考。

彭湃母亲在《湃的小史》中回忆："湃赋性刚强，不与人同，时常说起土霸劣绅贪官污吏的故事，便大声痛骂，甚至在县里的贵族门口，连经过也不喜欢的。"在父亲的眼里，他着实不像一个地主家的富贵少爷，总是对穷苦人满腹同情，似乎立场也与自己不那么一致。这将如何担负起这个富庶庞大的家族，完成祖父的期望呢？终于他的担心化为一场怒吼，在一个炎炎夏日爆发了。

那一年夏天，烈日当空，老天似乎对脚下这片土地有着偌大的不满，执意要晒干什么，晒化什么。阳光亮得刺眼，稍稍走动一下便会大汗淋漓。彭家大院的一片空地上，一大群佃户挑着沉重的稻谷向彭家交租。佃户们一个个累得汗流浃背，不住地用身上的褂褛抹着那和着泥土的脸，可是汗珠儿还是顺着脸颊"啪嗒、啪嗒"地落在了地上。彭湃的父亲此刻没有丝毫的同情，他死死地盯着佃户们的稻谷，用手指指这边，指指那边，还派人在佃户们的担子里仔细地翻找着。他百般挑剔，全然不顾佃户们干裂的嘴唇和满身的汗水，一会儿说稻谷缺斤少两，一会儿说麸皮未尽，硬要累得气喘吁吁的佃户当着他的面再给稻谷过一遍风，去去麸皮，否则就不收。这下急坏了这些贫苦的庄稼人，因为他不收租子，佃户们来年就没田种，一家的生机就断了，年景本来就不好，外面兵荒马乱，屋里一家老小，内外夹击，这些庄稼汉一向都小心翼翼地伺候着主家，可这又没来由地平添了劳累。佃户们一个个敢怒不敢言，顶着烈日，折腾了大半天，终于忙活完了，彭湃的父亲又如此这般地检验了一番，这才满意地收下，继而独自摇着扇子端起凉茶。

佃户们折腾了这一通，实在热得难以忍耐，就小声地向彭家的下人讨口水喝。下人们还没动，彭湃已经提了茶壶、茶碗，把水送到了佃户眼前。佃户们连声道谢，他们只知道这个少爷天资聪明，没想到心肠还这么好。就在这时，众人听见一声闷响，只见彭湃的父亲突然站起身来，一掌拍在了桌案上，当众大喝彭湃："你这是何等行为，简直不成体统！"小彭湃顿时愣住了，呆呆地看着自己平日仰望的父亲——他是那样的慈爱，那样地呵护着自己，教他识字，教他做人，给他带来无限温暖；然而此刻，父亲仿佛换了一个人一样。佃户们看到此情景，也惊呆了，他们放下刚刚举到嘴边的茶碗，默默收拾自己的家伙，一声不响地离开了。小彭湃站在原地半天也回不过神来，他不明白，为什么平时待他关爱有加的父亲突然发这么大脾气，这之间到底是怎么一回事。他小小年纪还想不明白这其中的缘由，他只是恍惚意识到，自己和父亲之间隔了一层冷冷的壁障。

2

第二件让彭湃疑惑的事情很快到来了，那年彭湃10岁。祖父盼着这个天赋异禀的孙子能够早日成熟，继承家业，就有意识地让他熟悉一下家族的事业。首要的一项便是要到乡下收租子。

这个事情让彭湃异常兴奋，他自出生到现在，没有离开过县城，整日的生活不是学堂就是彭家的大宅子，认识的人、经历的事情都显得单调乏味了。蔚蓝的天空，翠绿的草地，夹杂着青草和泥土味道的空气，这是他从书中一次次看到的。乡下的广阔，美好，牛羊遍地，鱼鸭追嬉一时间充满着他的头脑，他迫不及待地想要冲到那里，去感受天地间最淳朴的气息。同时，大哥彭银自小与他感情就好，有他带领，想必一定是妙趣横生了。这么想着，他便兴冲冲地跟着大哥和家人出了城，带着对乡间生活的好奇，边走边憧憬着。

但是，一路走来，彭湃的心情越来越低落，他眉头紧锁，惊奇地向前方张望着。原来，他的所见与所想差距之大让他十分震惊。这里没有牛羊，没有鱼鸭，景色似乎不像他想象中那般美好。反之，这里有的是渐渐冷起来的风吹动已经收割的庄稼，以及人们面朝稻田背朝天的紧张劳作。大哥得意洋洋地说：“这片地都是咱家的田，田里的人，都要给咱家交租子。”彭湃看到瘦弱的老农蓬头垢面，衣衫褴褛，步子蹒跚，在田里翻拣剩余的谷物，远远看见他们来了，似乎有意识地躲避。乡间的孩子，也没有他想象中的有趣，他们大多穿得破烂，脸色黑黢黢的，写满了胆怯，站在自家门前。他们的房子比衣服还要破旧，狭小，四面透风。他们的母亲也多瘦弱，衰老，端出的饭菜是他没有见过的，看上去硬邦邦、黑乎乎的，想必也难以下咽。整个乡村看不到他想象中的生趣，也看不到那么美丽的色彩，让他失望，让他疑惑。

但是，正是这样的村子、这样的农民，供养着他们一大家子，让他们使奴唤婢，富贵享乐。看着，走着，这“镰刀挂起，米瓮无米”的景象让他越来越不忍心，越来越无法理解，生活中巨大的差距，以及这种差距割裂中的人怎么能够如此泰然地生活？正在他陷入沉思的时候，大哥已经像个主人一样，学着父辈的样子，开始吆五喝六，责骂、恐吓那些佃户，让这些整日在土地里刨食的人本就苍黄的脸色变得更为难看。从这家到那家，大哥的责骂声不断，越来越严厉，越来越尖刻恶毒。彭湃瞪大了眼睛，满肚子的气郁结在胸中，在大哥一顿凶狠的责骂声还未停止的那一刻，终于忍无可忍，随即爆发出响雷一般的声音：“不要交租哎！”霎时四周一片寂静，所有人都愣住了，农户们战战兢兢地望着他，兄长惊愕地看着他……

这件事成了彭湃百思不得其解的难题。从乡下回来，彭湃仿佛变了一个人，从前的笑声少了，有事没事，总会一个人静静地发呆，小脑袋里装着沉重的心事。他开始痛恨贪官污吏，痛恨地主恶霸，特别是那些欺负人的人，都让他发自心底地厌恶。他的母亲后来回忆说，有一段时间，每当彭湃听到土豪劣绅贪官污吏欺压百姓的事情，都会恨得高声痛骂，这不像那个自小温顺的孩子。渐渐地，彭湃开始更多地关心外边的事情，开始更多地和家里的仆人们交往，他们时常聚在一起聊天，有时候仆人们干活，彭湃也搭把手，母亲隐约地感到儿子和以前不一样了。而母亲不知道，从这个时候起，彭湃的心中已经开始了对新世界的畅想，那个世界虽然模糊，但是他相信那是一个一定会出现的、比现在更好的世界。

3

1905年，中国的社会发生了剧烈的变动，为了挽救危局，清政府开始改革，多项举措真真假假，新瓶旧酒，多数都放了空炮。但是有一项改革却实实在在地落实下来了，废科举办新学。这项举措让很多旧式的读书人肝肠寸断，觉得一下断了一生的指望，有的灰了心，有的甚至发了疯。而更多的有识之士看到，改革教育是强国之本，新式教育、新式思想或许能给中国带来一个不一样的未来。在这样的大浪潮之下，海丰这个地处偏僻的小城也开始有了新变化。

1909年，彭湃考上了海丰县第一高等小学，这就是一个旧中国里的新学堂。

能够进入新学堂读书的孩子，多是来自家境不错、父母又相对开明的人家，他们虽然不都是有多大的理想抱负，但也多希望孩子能够适应新局面，面对将来的新社会能够有所作为。学生们在新形式、新思想的感召下，对现有的社会局面多抱着质疑反感的态度。这种氛围正好符合彭湃多年来的性情，他很快就适应了新的环境，并当仁不让地成了新学堂中的学生领袖。

转过年来，海丰知县唐汝梅卸任。这是个远近闻名的昏官，整个时代的腐朽都可以从他的身上找到影子。他刮尽地皮却要装出一副亲民爱民的父母官姿态，当着人面有一套伦理道德，什么树新风、树新人，背后为了敛财却不择手段，开妓院，开烟馆，可谓恶贯满盈。临卸任之际唐汝梅又突然爱慕虚荣，暗示当地官绅以百姓的名义送他一把万民伞。这个万民伞本来是民众对一任父母官表达敬意的形式，万民签字，千人送别，代表他一任清风，民众感念，但是，现在却成了唐汝梅为自己邀功颂德的幌子。

得到这个信息之后，很多学生都气炸了肺。特别是彭湃得知自己的祖父也是此事的参与者，并且也要在上边签名，气愤、厌恶、不解一齐涌上心头，他大步跑回家中，推开祖父的房门，力劝他不要参加这种有违民意的荒唐事。但是，祖父的态度十分冷淡，只是轻蔑地说："孩子家不要多管闲事，但学好了功课，有一天能光宗耀祖，才是正经。"彭湃见祖父的态度十分顽固，知道多说无益。他气冲冲跑回了学校，和小伙伴们商量对策。大家一致决定，大人们不敢得罪贪官，咱们却不怕，无论如何不能让这个万民唾骂的昏官顶着万民伞走出海丰。

新式少年果然有勇有谋，经过多方打探，他们终于了解到，那把要在唐汝梅卸任时唱重头戏的万民伞此时并不在县衙，而是在离县衙不远的头盔店里。学生们打算摸进去，毁了它。事情出乎意料的顺利，那些玩忽职守惯了的衙役根本就没有想到，谁有这么大胆子，会打这个主意。

彭湃带着同学轻而易举地就拿到了硕大的万民伞，上边已经是签名无数。几个同学拿起事先备好的剪刀，几下就把这个虚伪的幌子戳了个稀烂。彭湃还特意找到了祖父的签字，剪了下来。此举无异于捅破了唐汝梅丑恶的嘴脸，让他知道自己的这把伞根本不符合民意，反而揭示了他的真面目。少年们都觉得自己干了一件了不起的大事，尤其是彭湃更是觉得自己的行为惊天动地，胸中憋了许久的闷气终于吐顺畅了。看着从海丰灰溜溜离开的唐汝梅，彭湃真是高兴，他还不知道，这只是他与旧世界决裂的第一役，现在是凭一腔意气，少年情怀，以后这样的交锋还会更多，更残酷，而那时候，他不再是凭意气而是凭他对理想的执着，不是为自己而是为更多的人。不过，仅这件小事，已经让陈腐的海丰城为之一震，彭湃的生命已然初露峥嵘。

三、不一样的爱情

1

1912年，彭湃在家庭的主持下，与海丰县麓境乡的姑娘蔡素屏结婚，那年他只有17岁。对于很多年轻人而言，这种包办的婚姻本身就是一个有待打破的枷锁，他们多数会以自由与爱情的名义进行抵制，新娘入门之日，就是新郎远遁之时。然后，受到新教育、有着新思想的新郎官们，会在外乡闯荡，多数人会在外乡另立门户，过上属于自己的生活。而那些被抛弃的新娘们，则要孤独一身扛起旧式婚姻的枷锁，在婆家苦熬，终老一生，其中的可怜，自不必细数。

彭湃当然也受不了这种不自由的无爱的婚姻，在他看来，这无异于为了继承家庭的香火，而焚毁两个青年的生活。他不愿当这样的牺牲品。

但是，他和别人不一样，他有自由的追求，有新思想，有奋斗的勇气，同时他又有一颗别人所不具备的同情弱者的心。他出生在富贵之家，深得祖父的宠爱，但是他在享受荣华的时候，不是麻木不仁，而是以一颗敏感的心去体恤更多人遭遇的不平等与不幸福，尤其是深受压迫的女性。诚如鲁迅先生所言，在所有受压迫的人群中，痛苦最深的是女人。几千年的封建礼教、传统让女性成为这个社会中各个阶层的最下层。在当时的海丰，溺死女童的事件比比皆是，有幸被养大的女童也很早就当童养媳送与别人家，或者干脆卖身为奴仆。彭湃的母亲就是这样的命运，所以他对贫苦家的女性格外同情。其实，就是在富贵之家，女性的命运也多差强人意。比如，彭家的几个女孩，虽然出生在富贵之家，但同样无法逃脱悲惨的命运，早早被送到别家去当童养媳了。

有一次，送到别家当童养媳的妹妹彭娟哭着跑回家，原因是她为婆家担水，把桶掉进了井里，担心婆家知道后会大发雷霆，让自己本来就难挨的日子雪上加霜。彭湃看着身量不足的妹妹，自然无比气愤，又无比疼惜。这么小的孩子，怎么可能担得动水！甚至要找她的婆家理论，但是家人都劝阻他说，嫁出去的姑娘泼出去的水，已经属于人家的人，自己多管倒显得无理取闹了。彭湃只好作罢，自己拿了祖父给的零用钱，帮妹妹买了新水桶。妹妹有了新水桶，自知终于可以免去一场责骂，才敢回到婆家。这个妹妹如此，别的姐妹也是如此，不幸的命运如同巨大的乌云时时笼罩在她们孤单弱小的身体之上。彭湃同情她们，希望通过自己的努力改变她们的命运。他教妹妹们读书，鼓励她们要自立，要有自己的主张，不要把自己的生活局限在自己的小天地里，要想想外边的世界很广阔。

有一天傍晚，彭湃和家里的兄弟姐妹在家门前的龙津溪畔散步，看见龙津溪上千帆竞渡，往来如梭，他突发感叹：一个小小的杯子，装满水，一根手指塞进去水就都漾出来了。但是这条大河，每天承载这么多船，这么多人，依然平稳如初，自在奔流。可见一个人能够承受什么，不是看外在的压力有多大，而是看这个人的胸怀有多宽广。他要做一个胸怀天下的人。

2

胸怀天下的人，不会牺牲别人的幸福来成就自己的幸福。试想如果自己拒婚或者逃婚，就会给即将嫁与他的这位新娘留下终身的苦难。所以，为了姑娘的幸福，彭湃选择了接受这个素未谋面的妻子。但是，他不接受那种陈腐的生活，他要做一个不一样的丈夫。他不想自己的妻子像别人家一样成为彭家生育的工具，顺从他的仆人。他希望他们两个成为真正的爱人，基于自由、平等与理解之上的爱人，最重要的是能够相爱、相知，志同道合。他同情女性，也要竭尽所能地去帮助她们，那么妻子就是他解放的第一个女性。

从封建的枷锁中把女性解放出来，第一个就是要让女性像正常人那样生活。封建文化对中国女性的迫害最直接的就是裹小脚，女孩在很小的年纪就要把脚裹起来，得到一定年龄放开双脚的时候，两只脚的骨头早已被包裹得严重畸形，以至于走路都要小心翼翼，一步三晃，这样的风俗造成旧社会女性的一种人为的病态。彭湃在妻子过门的第二天，他仔细端详着妻子缠着裹脚布的双足，郑重其事地对她说："把脚放开吧，从今往后，都不要再裹着它们。"

蔡素屏听了这话一下子怔住了，她一时还很难接受，这脚已经裹了十几年。她的娘亲，她的姐妹，她娘家一切和她相熟的女性统统都裹着脚。她记得当时她娘亲自动手给她裹脚，还心疼地告诉她，疼过了就好了，让她忍着，因为小脚的姑娘才漂亮。但是那种锥心之痛到今天想起来还让她心悸。记得当时她还那么小，疼得眼泪就像断了线的珠子，不住地往下掉。她娘也含着眼泪说："不要怪娘心狠，女人就是这个命。"还说，如果不裹脚，一辈子遭人嫌弃，长大了没法嫁人。但是，现在嫁了人，丈夫却要她把脚松开，这是什么道理呢？她怔怔地看着自己的新婚丈夫，一时间有点儿不知所措了。

彭湃耐心地给她讲："裹脚是旧礼教对女性的戕害，完全是男人的一种病态的需要，它不美更不健康。新时代来了，男女是平等的。很多女性不仅不裹脚了，她们可以和男人一样走路，一样上学求知，一样顶天立地。我希望我的妻子也应该是一个新的女性，摆脱旧文化的束缚，享受和所有男人一样的平等与自由。"素屏瞪大了眼睛，她听着这些大道理，似乎是懂了一些，但又不是那么彻底，这是他有生以来第一次和别人讨论这么深刻的话题，也是她从小到大听过的最"荒唐"的话。因为在素屏的生活中，她只知道娘从小就教育她，在家里要听父亲的、兄长的，长大嫁了人就要听丈夫的。可是现在丈夫居然说他们是平等的，而且说得头头是道。不过，想得太多也无济于事，既然丈夫喜欢，那么这脚不裹就不裹吧。只是，她还有些顾虑，自己是刚入门的新媳妇，这么就把脚松开了，长辈们会不会不高兴呢？

彭湃看出了她的顾虑，微笑着说："这个你放心，有我呢。从今天起，我们自己的事情就要学会自己做主，以后你不仅不用裹脚了，还要读书。我们要在一个平等认识上交流、相互理解。"素屏的眼睛瞪得更大了，她想，我还能去读书？母亲以前只教给她做女人要遵守三从四德，上学堂念书什么的她根本想都不敢想。丈夫这一席话让她吃惊，但是也让她觉得有兴趣，很新鲜。彭湃开始讲起新文化新思想，越说越起劲，越说越激动，从古至今，从中国到世界，他讲得激情昂扬。素屏开始听得懵懵懂懂，似懂非懂，但是听着那些自由啊、平等啊，也慢慢地就激动起来了。她不打断丈夫，专注地做一个倾听者，对她来说外面的世界那么大，那么丰富多彩，而这些都是眼前这个已经成了她终身依靠的人讲给她的。丈夫的形象在她的心目中越来越高大。

第二天，脱了裹脚布的素屏穿上了丈夫给她拿来的新鞋，精神抖擞地走出了家门。这一下可轰动了彭家的上上下下，大家开始是在背后偷偷地笑，后来是指指点点地议论。几个上了年纪的婆婆婶婶们私下里嚼嚼舌头。但没过多久，看她那走路的样子平平稳稳，脚步生风，姐妹们却开始羡慕起她来了。一开始，素屏也十分忐忑，别人看她的眼神让她后背发凉。可是没过几天，素屏就习惯了，别人也不再用别样的眼光看她。渐渐地她明白了，裹脚不裹脚并不是女人的宿命。自己的身体自己可以做主，自己的生活，自己也是可以做主的。她渐渐开始琢磨人活着应该大大方方，不惧怕别人，要有所作为，活得才有意义。这样想着，她仿佛有点儿懂得丈夫的话了。

3

后来的日子里，彭湃一有时间就教素屏读书识字，还给她讲外边的世界，讲自己的对世界、对社会的看法。素屏也渐渐明白，自己的从前的世界是多么的狭隘，如同井底之蛙一般。她开始畅想，自己未来的生活是多么的广阔，而这种广阔需要自己争取。她开始不仅仅作为丈夫生活上的伴侣，也慢慢地成为他精神上的伴侣，两个曾经相距遥远的人终于结出了真正的爱情之果。

夫妻两人共同学习，当然主要是彭湃教、素屏学。直到后来彭湃到日本求学，相隔万里，素屏还是会把自己的作业寄给丈夫，丈夫批改完了再寄回，这竟成了他们两个之间特殊的越洋情书。因为精神上的相通，这种空间的距离，并没有真正拉远他们，而使得彼此更思念对方。后来朋友们经常提及彭湃在爱情方面的一段佳话，事情就发生在彭湃日本求学期间。

那是一个中秋之夜，彭湃和他要好的朋友正在聚餐，大家举杯邀月，追慕古人的豪情，畅谈今日之中国，明日之理想。正在酣畅淋漓之际，彭湃突然放下了筷子，快步走出店房，呆呆地举目向月亮眺望。月光皎洁，透着温婉而柔和的光，彭湃如痴如醉地望着月亮，久久没有移步，同学们看着他这样专注的神态，大为不解。后来彭湃解释说，他和素屏相约在八月十五，晚上的8点钟，一起举头望月，共寄相思，让明朗的月光穿过遥远的大海，一解他们夫妻的相思之苦。诚然，只有那种精神上的相恋，才能跨越漫长的时空。

彭湃学成回国，夫妻感情更为融洽，后来素屏相继生下了彭铎、干仁、士禄、彭洪4个孩子。并且，在彭湃的影响下，素屏也不断地进步，最终她也成为一个坚定的革命者，踏上了救国救民的道路。她也和彭湃一样，把对爱人的爱分给全天下穷苦的百姓，为了更多人的幸福，她不惜舍弃自己的幸福，甚至牺牲自己的生命。在大革命最艰难的岁月，彭洪刚刚两个月大，素屏勇敢地选择与彭湃并肩作战，不幸壮烈牺牲。

四、迎接最初的斗争

1

1913年秋天，彭湃考入了海丰县最高学府海丰中学。这一年是辛亥革命后的第二个年头，整个国家处在新旧道路的关口。虽然辛亥革命在形式上推翻了清王朝，但是在国家和社会的层面，在国人的内心，旧中国的思想还仍然根深蒂固，所有的有识之士都清楚地看到，几千年的封建积弊，无法用一两次革命清除。在国家的紧要关头，催生革命者的同时，也同样催生野心家；一个旧王朝被推倒了，人们失望地发现，摆在自己面前的不是金光大道，而是一片亟待清理的废墟。在这样的时刻，多种思想，多种势力，斗争激烈，他们都想执国家之牛耳，这个已然病入膏肓的国家，更是疲惫至极。临时大总统孙中山为了整个国家的统一，早日摆脱战乱而进入建设，进入世界强国之林，他选择了向袁世凯妥协。袁世凯就任中华民国大总统之后，国内的革命形势，陡转急下，新旧势力犬牙交错，斗争更加激烈、复杂；尤其在年轻人的心中，思想的浪潮更是此起彼伏。

此时的海丰，也无法平静，虽然它并不像上海一样是个经济文化都十分发达的大城市，但是这里毗邻香港，从香港乃至国外传过来的进步思想、进步文化如浪潮一般，一股股地涌来。保守势力此时又像一颗顽石一样紧紧地盘踞在这一方土地上，所以这里新旧思想不断交锋，展开了激烈的斗争。

尤其在教育界，新旧两派势力各执一词，都想抢占年轻人思想的先机。代表革命的一派是孙中山先生坚定的追随者，老同盟会会员林晋亭先生，他思想开明，号召学生学习新思想、新道德，鼓励新的国民教育样式。而另一派则是保守派，代表人物是大地主陈月波，他针锋相对地主张旧思想、旧道德，要把人们重新拉回旧有的社会样式中去。彭湃进入海丰中学后，很快意识到两个立场鲜明的派别，而他自己坚定地站到了林晋亭先生一边，成为海丰中学捍卫新思想的骨干力量。在彭湃的积极组织之下，一大批有着相同志向、相同抱负的青年学生围拢过来，他们一起谈论、探索革命之道，深究旧中国落后的根源、受尽欺凌的原因，并且积极探索中国变革的道路。

彭湃作为学生中的佼佼者，在同学们眼中，他不仅学习名列前茅，画画惟妙惟肖，而且性格乐观爽快。课堂上他才思敏捷，妙语连珠。他与陈月波之子陈祖贻同在海丰中学，而且是同班。两人学习成绩不分伯仲，特别是写作，一个行文如流水，一个见地展新意，两人都被老师视作得意门生。但是这两人却并非志同道合，这与他们所支持的政见不同所致。陈祖贻站在了父亲陈月波一方，思想守旧，仇视辛亥革命，竭力维护旧秩序。而彭湃则支持进步思想，反对旧势力。两人经常在文笔上针锋相对，各抒己见。此时的陈月波看在眼里，算计在心里，他连同当地的一些守旧势力，利用自己的权力，将一些封建思想浓厚的老学究安插进海丰中学当老师，企图利用老师的权威压制新思想。彭湃和同学们对此极为不满，在这个新思潮遍地开花的时代，他们怎能容忍这样的霸权行为？于是，一群进步青年发起了一场"择师运动"，抵制这些腐朽守旧的老学究，主张教育平等，激励欢迎有学识、传播新思想的老师来执教。

自此，民主革命思想不仅仅在海丰中学中得以传播，在整个海丰地区都掀起了一场新文化的高潮。学生们追求进步，探求新知，寻求真理。在进步教师林晋亭的支持下，彭湃和陈复、陈魁亚等进步学生效法孙中山先生的同盟会，组织了"群进会"，以"互相切磋、共同进步"为立会宗旨，传阅新书，讨论时事，宣传资产阶级的民主革命和社会政治学说。大家共同促进，共同进步，很快把群进会发展成海丰中学最具革命色彩的学生组织，彭湃也自然成为学生运动的中心。

2

1915年，袁世凯接受日本提出的"二十一条"，这个丧权辱国的条约触动了中国人最敏感的神经，地不分南北，所有爱国人士深压心底的愤怒像火山喷薄而出。为了响应全国爱国反日的浪潮，5月7日这一天，彭湃组织群进会进行了第一次反日爱国集会。会上他慷慨激昂，痛斥日本亡我中华之心不死，并把矛头直指袁世凯，历陈当局与日本勾结，篡夺革命成果，葬送中华的狼子野心。

集会之后，彭湃和他的群进会同学们又组织了一次声势浩大的反日大游行，标语、口号、旗帜填满了海丰的大街小巷，让沉睡了上千年的古城一下感受到了青年的理想，进步的力量。这个长久以来偏安一隅的小城，一下子被推到了整个时代的前沿，长久以来安于自安的市民们突然感到在自己的生活之外还有一个更大的生活，在自己的视野之外，还有一个更大的视野，它将占据每个人的生活，影响每个人的命运，一个大时代不可避免地到来了。而彭湃马上就要经历大时代来临前一个小小的洗礼。

1916年10月，飒飒秋风吹动着泛着金黄的稻田，这本来应该是一个祥和而丰收的日子，但是一条消息却打破了校园中的宁静。为了巴结海丰驻军统领林干材，陈月波居然纠结了一批士绅土豪给他雕塑石像，而最让人无法忍受的是，他们要把林干材的石像与文天祥的石像比肩而立，安放在表忠祠内。

在如彭湃一样的众多海丰青年眼中，文天祥一直是他们道德的标杆，精神的信仰。这位南宋末年为国殉难的英雄，生前的最后一战就发生在海丰。传说文天祥当年率军退至海丰，在五坡岭上埋锅造饭，元军发现后，尾随而至，与文天祥的军队展开了一场恶战，文天祥寡不敌众最终被俘。有感于他不屈的浩然正气，明朝嘉靖年间海丰人为文天祥立起一尊雕像，世代祭拜。在文天祥被俘的五坡岭上建有一座方饭亭，虽经岁月磨洗，但亭内对联上的字迹仍清晰可辨："热血腔中只有宋，孤忠岭外更何人。"而五坡岭就在海丰中学的后面。彭湃从小就听文天祥的故事，他知道文天祥孤军抗元，从未有半点儿畏惧，独撑大宋危局；三年囚禁，面对高官厚禄、严刑拷打并不多一点儿私心，终于面南受戮，而英雄气概浩然长存。为了追慕这位古代的圣贤，彭湃不止一次步上方饭亭，"天地有正气，杂然赋流形。下则为河岳，上则为日星。于人曰浩然，沛乎塞苍冥……"《正气歌》字字铿锵，他早就朗朗于胸。但是今天居然有人要把另一个人的塑像与之并肩，而且翻翻这个人的履历，却是污浊不堪。

这个林干材无论从身份上，还是从精神上，都是袁世凯的绝对附庸，也是当时广西军阀龙济光的得力爪牙。在孙中山发动的几次革命中，都充当着"围剿"革命者急先锋的角色，所有的进步青年对他都是恨之入骨。更重要的是，袁世凯在北京称帝，辛亥革命最后的果实风雨飘摇，全国上下，反袁风潮急涌而至，但时局究竟会发展成为一个什么样子，还不十分清晰。此时，陈月波等人在海丰为林干材塑像，无异于为反动军阀推波助澜。把林干材的塑像与文天祥比肩而立，其险恶的用心更是昭然若揭。

彭湃第一个就气炸了，他联合群进会的同学，一起跑到林晋亭先生家中，向这位德高望重的革命前辈表明心迹，并要求林先生为此事写一篇讨伐檄文。林先生听完当然也是义愤填膺，他慨然动笔，写下了《告海丰父老书》一文，号召全体海丰人民行动起来，共同抵制这等卑下的逆时代潮流的行为。文章书毕，彭湃马上组织群进会的学生进行传抄，贴出"墙红"。"墙红"就是用红色的纸张写成的海报，触目的鲜红贴得满墙满眼，海丰的父老走上街头就可以看到林干材的累累恶行，以及陈月波等人为林干材立像所包藏的险恶用心。人们口耳相传，消息不胫而走。

此时，陈月波正举着一副奴才的嘴脸，笑嘻嘻地向林干材汇报雕像的工期，他谄媚地说："哎呀，林统领，石料我们已经准备好了，正宗的汉白玉呀，您的塑像不仅要在您大寿之际供乡亲们饱览，嘿，将来啊，那是要受烟火的，我得让海丰人世世辈辈记得，他们有幸经着过您这么一位好统领啊！功德无量，功德无量啊，我也跟您沾点儿喜气。"听到他这么说，林干材也放肆地哈哈大笑。突然，门外报事的进来，慌慌张张地说："老爷，不好了，群进会贴了墙红，反对咱们给林统领塑像，老百姓们议论纷纷啊！"林干材一听，瞪了陈月波一眼，说："老陈，这是怎么回事？"陈月波赶紧解释，说又是一帮穷学生在胡闹，并一再保证，几个穷学生反不了天。"您呐，就等着寿诞一到，给金身开光。"回头，又厉声对报事的人说，"你还站在这干什么，还不叫人把那些个破纸给我撕了去。"

然而，这儿的墙红刚刚被撕，那儿的墙红又贴满了大街小巷，而且伴着墙红又出来了一张醒目的大漫画，一群地主绅士像孝子贤孙一般吃力地抬着林干材的石像，真是丑态毕现。不用说，这当然出自彭湃之手。他自小就有绘画的天分，兔子小鸡画得惟妙惟肖，今天画起这群丑图来也自然是手到擒来。学生们看着群丑图哈哈大笑，他们终于出了胸中这口恶气。但事情并未就此结束，这出闹剧的收场远远不像学生们想的那么简单。

3

墙红贴了又撕，撕了又贴，闹得沸沸扬扬，百丑图更成了海丰县城人们街头巷尾的笑谈。此时的陈月波早已骑虎难下，他仗着林干材的势力，决定不顾民意，搏上一把。第二天就是林干材的寿辰，陈月波雇用了一干流氓地痞，并亲自压阵，抬着石像的队伍向五坡岭走去，真像个孝顺儿子似的。一路上当然没有他们希望看到的喜庆，人们指指点点，冷言冷语加上嘲笑，让即将到来的寿辰凄凄凉凉。陈月波咬着牙，恨恨地看着周围的人，他已经横下了一条心，这事情干也得干，不干也得干。突然，迎面传来高亢愤怒的喊声：

"反对为林干材立像！"

"刽子手滚下去！"

学生的队伍已经封住了道路，彭湃、陈复、陈魁亚等群进会的骨干走在前边。陈月波一看势头不对，向后边一挥手，大喊："抄家伙，给我冲到山上去！"那帮地痞流氓各拉着棍棒就往前拥，但学生坚决不让，两边对峙起来。这帮流氓也知道，这些学生不好惹，尤其是很多学生家里也都是当地有头有脸的人物，真的出了事不好交代，于是他们虽然喊得凶，也只是空喊而已。陈月波见状，气急败坏，又无可奈何，最后只能让流氓们在大路上挡住学生，灰溜溜地带着几个家人从小路把石像背上了五坡岭。到了岭上他早累得气喘吁吁，不过总算把石像挪到了山上。他大骂学生几句，吩咐两个家人看守石像，自己回去向林干材请功了；同时，生性狡诈的他也怕学生再次闹事，决定给学生们来个釜底抽薪。

当天晚上，黄同，海丰有名的士绅，也是造像事件的始作俑者之一，受陈月波之托来到了彭家的门前，他想通过彭老爷子来说服彭湃放弃反对为林干材塑像。真是冤家路窄，为他开门的恰巧就是彭湃，这两个人在塑像事件上不止一次见面、交锋，所以不用开口，彭湃已然知道黄同要说什么。一不做二不休，彭湃直接就把他挡在了门外。黄同知道今天无论如何也见不到彭老太爷，于是就换了一副嘴脸，以长辈的口气对彭湃说："天泉啊，我和你爷爷知交多年，也是看着你长大的呀，按辈分，你应叫我一声爷爷。你们彭家也是海丰的名门望族，作为长辈呢，我实在不愿看你做出辱没门庭的事情啊！天泉——"他还想说下去，但彭湃冷笑了一声，接着严厉地说："如果您算是我的长辈就应该深明大义，您想必知道文天祥是什么人吧？那么林干材又算是什么人？他镇压革命，助纣为虐，有何德何能与文天祥这样的民族英雄比肩而立，共享后世香火？"

"这这……"在彭湃的厉声逼问之下，黄同张口结舌，拂袖而去。

他们的争吵声彭老太爷没有听到，但却惊动了彭湃的母亲。母亲虽然大门不出，但是街上把事情闹得那么大，她已经早有耳闻，也从素屏的口中隐约听到彭湃在这个事情中的角色。她小心翼翼地把彭湃拉到自己的屋子，看看四下无人，赶紧关紧了屋门。母亲担忧地问："孩子，现在是什么情况？"彭湃看出了母亲目光中的担忧，安慰道："放心吧，母亲，我们做的是正义之事，那些贪官污吏骑在百姓身上作威作福，还妄图立雕塑来让人们永远纪念，真是无耻！"母亲叹了口气，抚摸着眼前这张倔强的面孔，说："你做的事情母亲不懂，但是切记安全第一，不要太冒险。你现在已经是有家室的人，凡事还要稳重，切莫引火烧身，伤了自己。更何况你的祖父那么疼爱你，他把彭家的兴衰都寄托在你这个孙儿的身上，万一你有个三长两短，年迈的祖父，你的父亲和我，还有素屏可怎么活呢？"说着，母亲的眼泪缓缓地淌了下来。彭湃心里知道母亲虽文化水平不高，但是却深明大义。此刻母亲说的话，完全是出自于对自己的关爱，这是一位伟大的母亲，也是一向都支持自己的母亲。

彭湃理解母亲的苦心，他笑着告诉她，没有关系，自己知道分寸，况且这是民心所向的事情，纵是陈月波他们有心加害，也不敢怎么样。而且整个事件是他组织发起的，在这个紧要关头弃同学们于不顾，不是他彭湃的为人。母亲见说不服他，也只好再三叮咛，一定要多加小心。彭湃点头，就出了门，找群进会的陈复等同学商量下一步行动对策，怎样阻止第二天的立像仪式。

4

群进会的几个骨干成员，秘密地聚集在彭祖祠中，显得气愤而且很焦急。彭湃说："同学们，时间很紧了，我们一定得想个办法，不然前边的努力就白费了。"

陈复一拳砸在一只木桩上，霍地站起来，说："真恨不得现在就砸了它！"

"对，"彭湃好像被电击中似的，应声而起，大声说，"就砸了它，看他陈月波还拿什么邀功！"

此时，在沁凉的秋风中，石像就立在五坡岭上，接近方饭亭。石像的看守是陈月波家的两个家丁，这两个人已经有点儿不耐烦了，一个搓着手开始抱怨："这么大冷的天，他地主老爷回家睡大觉，让我们守着这石头墩子，他要邀功，让老子受冻。"另一个附和，谁说不是，谁说不是。搓手的又说："咱们也别傻了，这荒山上，连个鬼影子都没有，守这个干啥呢，咱们也到祠堂里睡一觉吧，暖和暖和再说。"另一个连忙点头，两个人一前一后，躲进了方饭亭旁的表忠祠。

这两个人的一举一动，都被彭湃他们看在眼里，等他们进了表忠祠，彭湃他们依旧在外面隐藏着，他们在等一个准确的时机，一个能让他们一吐胸中闷气的机会。大家耐心地等候着时间一分一秒地过去。

过了许久，彭湃估算着他们该睡死了，就招呼大家迅速扑向石像，举起事先准备好的石头，朝着石像猛砸过去。石像被砸得砰砰响，黑暗中火星四溅。几个人挥汗如雨地猛地砸了一阵子，但是定睛仔细一看，石像纹丝未动。这下他们可犯了愁，没想到陈月波这个老小子为了讨好林干材还真是下了血本，石像做得这么结实。这可怎么办，时间紧迫，再这么砸下去，能不能砸毁石像不好说，看守的家丁也一定会被惊醒。

正当大家犯愁的时候，彭湃灵机一动，整个石像砸不动，就专门砸他的鼻子。他一提议，同学们低声叫好，三个人一起用力，几下就把石像的鼻子砸了下来。大家在月色中看着眼前这个没鼻子的怪物，心里真是解气。

第二天，雕像没鼻子的事情，在大街小巷传得沸沸扬扬，陈月波早听了两个家丁的报告，对两个家丁拳打脚踢，大骂家丁没用，只好硬着头皮到林干材处汇报。林干材早就得知，已经气得嘴唇发紫，刚刚缓解一些，一见陈月波才压下的火又蹿上来，指着陈月波的鼻子骂："看看你做的好事，真是个成事不足、败事有余的东西！"

陈月波擦着冷汗，浑身哆嗦，他一边举着脸赔笑，一边赌咒发誓："请您放心，小人一定着人调查清楚，严惩凶徒，必定给您出了这口恶气。"

"还不快去！"林干材又吼了他一声，便拂袖而去。陈月波一把年纪，被人这样斥骂，只觉得好没面子，咬咬牙，回到家里，赶紧暗中派人调查。当天夜里，陈月波指示一帮地痞流氓闯进海丰中学，对群进会的同学进行殴打，彭湃恰好不在，而陈复等几个同学则被打成重伤。

陈月波的暴行立刻激起了整个海丰中学、海丰民众的愤怒，林晋亭等革命人士带领海丰中学部分教师，彭湃组织学生，一起涌上街头，抗议陈月波的暴行，把矛头又直接指向整个事件的幕后黑手林干材。游行结束，他们又联名具呈，一纸诉状，将林干材、陈月波等人告到广州。当局迫于民愤和当时中国革命的大局，立刻严惩凶手，并把林干材就地革职。陈月波看到大势已去，只得把石像沉入大海，自己一跺脚，逃到香港避难去了。

这次斗争的胜利，极大打击了海丰反动的势力，他们的嚣张气焰一时间荡然无存，而彭湃在整个事件中表现出来的勇敢、机智、突出的组织能力，也第一次得到了实践的检验，他深深地鼓舞了海丰青年，尤其是学生们的革命热情。在这些青年热血的澎湃中，海丰已经不是那个在历史边缘的小城，不久的将来，他就会走到整个中国革命的中心，时代的前沿。

五、远涉重洋，寻救国之道

1

辛亥革命曾经点燃了中国人对这个国家的希望，很多人认为，中国落后的症结在制度的落后，一旦我们也建立起一个先进的制度，国家的情况就会好转。因此，在辛亥革命的后期，孙中山先生为了尽早结束清王朝的统治，让国家从帝制走向共和，从独裁走向立宪，不惜把总统之位拱手让给袁世凯。因为，在很多人看来，人会被这个制度约束，制度建设完成了，谁坐这个总统的位置，都没有多大区别。但事实并非人们想象的那样，袁世凯一旦掌权，并没有像人们期待的那样走共和之路，而是来了个急转弯，又企图把中国带回帝制的道路上去。孙中山先生联合李烈钧、蔡锷等将军发起多次讨袁运动，最终袁世凯在人民的唾骂声中结束自己的黄粱美梦。但是，人们对于辛亥革命的期待已经大打折扣，中国的出路问题，再一次摆到世人面前。

1917年6月，彭湃也和众多怀揣着救国梦想的年轻人一样，开始了新的探寻。他把目光投向了日本。这个国家曾经是中国最恭敬的学生，但现在是最凶残的敌人。当然，日本吸引他，还是因为明治维新之后，日本国力渐强，不仅在与中国的甲午海战中胜利，就是在与俄国这个巨无霸的较量之中也占尽了上风。同为亚洲国家，为什么日本可以自强，而中国不行。不，中国只是一只还未觉醒的雄狮，彭湃要靠自己的努力，为民族的觉醒贡献一份力量。但是，就像历史的每一次进步都将遭到保守势力的阻挠一样，彭湃的想法一出口，第一个站出来反对的就是最关爱自己的祖父。

祖父此时已年过八十，对于这样一个高寿的老人来说人生最完美的结局莫过于儿孙满堂，承欢膝下。他也将彭家的未来寄托在了彭湃身上。留洋这个词听着就那么遥远。面对祖父的劝阻，彭湃并没有采取激进的态度，他先稳住了祖父的情绪，接着请来了自己的母亲周凤。母亲以"男儿不甘雌伏"为理由对祖父进行游说，晓之以理，动之以情。然后，他又让刚刚留日归来的好友陈其尤跟祖父说情。陈其尤说："老人家，您一定知道您这个孙子多么才华横溢啊，可单单读这些四书五经哪里应对得了当下这开放的天下啊。去外面见识见识，多些见闻才能有更好的发展。再者说家里有一个人在外读书，将来就可免受欺负。"祖父听了这番话虽然面色并无改变，但是这些话里有一句却戳到了祖父的痛处，彭家虽富，但陈月波有陈炯明撑腰，多少年来一直在他们头上作威作福。如果家里有人在海外镀过金，倒是可以让家族扬眉吐气。于是在各方的劝说下，祖父终于点了头。

　　1917年夏，彭湃东渡日本，怀着一腔热血，带着对美好未来的憧憬，彭湃踏上了东去的客船。站在船头，他的内心如脚下海浪一般，不停地翻滚，那声音一声声撞击着他的心灵，他决心将自己的名字改为彭湃，意为如浩瀚的大海那样澎湃，去冲刷黑暗社会的浊水。这可能就是他那一刻心灵最真实的写照吧。

2

　　到了日本后，寄寓于东京神田区神保町十番地中华留日基督教青年会馆。他先在为中国留学生进行预备教育的成城学校补习。1918年9月，彭湃考上了日本著名高等学府早稻田大学，攻读政治经济学科。那所大学当时聚集了众多的中国留学生，共产党的创始人之一李大钊先生就曾经在那里就读，整个学校的风气还是比较开放的。

　　彭湃对自己的选择曾经有很明确的说法，他说："我选择经济专业学习，目的是将来研究我国的政治经济，秉志改革。"抱着这样的志向，彭湃学习当然十分刻苦，在学习之余，他还组织学生活动，与很多的留学生建立起良好的感情。他常常鼓励中国的学生不要气馁，不要因国家的暂时羸弱而心灰意冷，走出国门就是期待有朝一日，回国报效国家，他说："我们出国学习不是出来镀金的，不是为了挂一个空招牌，应倾注全力刻苦学习有用的东西，将来于国于民有益。"

在此期间，他还初步接触了基督教文化，基督教所倡导的博爱精神，对身处异国他乡的彭湃很有吸引力。他带着一腔热忱，渴望学习日本的先进经验和知识，希望中日作为亚洲国家能携手进步，共同步入世界强国之林。但是，残酷的事实很快告诉他，基督教所倡导的精神并无法拯救中国。

为了更好地研讨救国方略，彭湃在日本的留学生中组织了"救国团"。有一天，彭湃和"救国团"的一些代表们正在东京神田区"维新号"中国饭店以吃饭为名召开秘密会议，突然几十个日本警察手拿棍棒闯入饭店，不问青红皂白一阵狂砸，并抓住在场的一些中国学生肆意地拳脚相向。学生们的衣服被撕破，脸上身上流血带伤，饭店也一片狼藉。这还不算，一些学生还被日本警察带到警察局，进行带有严重人身攻击性的审问，就这样折腾了一整夜，学生们才被陆续放回。

这件事情极大震撼了彭湃。日本标榜自己是法制的现代国家，他们的宪法中规定，允许本国的民众自由集会，允许欧美的侨民自由集会，但是偏偏对中国留学生的聚会进行非法的干涉，对个人的人身自由、权利肆意践踏。这不仅仅是对中国留学生的侮辱，也是对中国的侮辱；这种侮辱不仅损害了中国的利益，同时也戳穿了日本所谓近代文明的幌子。在这样的环境，这样的国家，看着日本人这样丑恶虚伪嘴脸，这样的学不上也罢。于是，彭湃下定决心，要和日本政府斗一斗，他当即决定罢学，带领3000多名留学生，罢学回国，以此抗议日本当局的无耻行径。

回国后的彭湃又多方组织，和同学们到处奔走呼告，力图唤起国人的认知，并在屈辱中唤醒民众的尊严。他们的行为得到了广大民众的拥护与同情。但是当他们要求政府交涉，让日本当局给中国留学生一个交代时，政府却懦弱无能，不仅不敢向日本政府提出抗议，反而威胁学生，让他们限期返日，不然就要取消留学资格，一切后果自己承担。面对政府的决定，彭湃气愤难当，又失望至极。他意识到，不管是中国还是日本，所有的政府都是反动的罪恶的。民众要想获得自由与尊严，就要自强、自立，一种强烈的无政府主义思想涌上了他的心头。此时的他开始慢慢确信，要救中国，就要推翻一切反动的政府，革命，用不断的革命，让人民真正过上自由自主的生活。

3

在各方面的压力之下，彭湃再次东渡，但重到日本的他对这个国家已经不再满是憧憬，而是多了几分警惕。他逐渐意识到，日本的爱国主义里有非常狭隘的成分，而日本的文明里渗透着虚伪，强大中也带着明显的虚妄，这并不是他的理想中社会的样本。此刻的彭湃，面对社会政治，已经有了更强的反思；而在日本的所见所闻，逐步加深着他的这种认识。

有一天，熙熙攘攘的大街上，彭湃独自走着，胳膊下夹着一沓文件。突然，一名日本刑事（当时日本的便衣警察，主要监视民众）挡住去路，傲慢地指着彭湃的文件说要检查。彭湃对这种侵犯人身自由的举动断然拒绝，当街与日本刑事开始对峙。没想到，这名日本刑事突然伸出手，直愣愣地抢夺彭湃的文件。彭湃一下被激怒了。他一手护住文件，一手抵住刑事，两个人在大街上当场动手，互相拉扯，互不退让。正在这时，让人意想不到的一幕出现了，彭湃觉得自己身后被什么人抱住，一时动弹不得，刑事趁机抽走了彭湃的文件。而彭湃愤怒地回头时，但见一个日本的孩子死死抱住他，样子最多是个中学生。但事情还没有结束，那个中学生居然帮着刑事一起推搡彭湃，叫嚣着把他送到警局。

彭湃登时大怒，厉声喝止："住手！你要干什么，我有什么罪，你不是警察，有什么权力抓我！"

而令他意想不到的是，这个中学生非但没有住手，而是反问道："你难道不是支那人吗？"

彭湃一下子愣住了。他没有想到这么小的孩子能说出这样的话来，他也突然意识到狭隘的爱国主义不是对国人的唤醒，而是对人的精神与思想的奴役甚至迫害。真是危险呀！他暗想："狭隘的爱国主义，一定是以排斥他国作为手段，以牺牲自己的独立思考作为代价。

而自己面对这样的日本孩子与日本人，根本没有机会来讲道理，因为在他们的意识中，早就没有了对与错的观念，或者说，他们思考对与错的能力，已经被吞噬了。"

这一次经历，让彭湃对自己从前的经验和思考有了更深层的认识。他也曾经在国内举行过反日爱国游行，认为这样就可以唤醒民众的爱国之心，从而实现自己的救国梦想。但是现在看来，这种想法还是狭隘的，憎恨别的国家是无法真正唤起国人对自己的国家的热爱的。如果说有爱，也是危险的，这种爱不知会把国家带到什么样的境地。所以，爱不应是自私的，局限的一人一国，而应该是博大的宽广的，不应是带有对抗性的、侵略性的，而应该是温暖的、隐忍的。这样的一些认识，加之对日本社会当中一些问题的思考，彭湃的思想中开始融入基督教思想，他想象着一个博大的爱所包容的世界，人与人都是兄弟，都是亲爱，都抚育在主耶稣温暖的爱意之中。但是，这种社会的期待在冰冷的社会现实面前总是显得脆弱，易碎。

那么，拯救中国的正确道路究竟在哪里呢？

1917年11月，俄国爆发了震惊世界的十月革命。十月革命不仅推翻了一个旧政权，而且建立起一个决然不同的新政权——代表工农利益的政权，一个代表大多数人利益的政权。它用完全不同的理论建立起了一套完全不同的社会制度，在俄国第一次实现了无产阶级的胜利，实现了最大多数人的解放。它的胜利不是某个人、某个利益集团的胜利，而是整个受苦受难的阶级的胜利。俄国十月革命的胜利带给了彭湃极大的震撼，他想到了自己的家庭，自己看到的那些农民，他们的贫困，他们的弱小，也第一次想到了他们身上蕴含的巨大的力量。他开始有意识地关注俄国的革命。在这个过程中，一位日本社会主义学者河上肇起到了很重要的作用。

河上肇是当时日本著名的经济学家，京都帝国大学的教授。他早年即从事社会经济的研究，尤其关注社会贫困问题，并且希望能够运用中国的儒家思想中相关的精神去中和当时资本主义社会中出现的社会问题。彭湃所学的就是社会经济，而且和河上肇一样，他也关注下层民众的生活，关心贫困问题，又来自中国，所以在观念上、文化上两个人都有相通之处。彭湃那时虽然在早稻田大学就读，但是经常去听河上肇先生的讲座。就在此时，河上肇的思想也开始发生变化，他开始关注俄国的革命，开始研究马克思主义的相关命题。

　　从1919年起，河上肇开始研究马克思的《资本论》，并创办了个人杂志《社会问题研究》。在《社会问题研究》的创刊号上，河上肇说："我对资产阶级经济学日益感到绝望，想专心致志学习马克思的经济学。"他一面出版杂志，译介马克思主义思想著作，一面把马克思主义的思想渗透到自己的课程当中。彭湃就是在此时开始逐步深入了解马克思主义，并完成了他人生当中最重要的思想转变。他终于确信自己找到了拯救中国的道路，要拯救中国，实现自己人人平等、没有贫穷的社会理想，必须完成两重革命。通过民族革命，才能让中国摆脱列强欺凌的岁月，完成民族的解放与独立；通过民主革命，解决劳苦大众生活的问题，让他们摆脱受剥削受压迫的生活境遇，从而建立一个造福最广大民众的社会。这时，彭湃正在从一个民主主义者逐步转变成一位初步具有共产主义思想的知识分子。

4

　　1918年，第一次世界大战结束，彭湃在日本经历了不平凡的悲喜。

　　中国自鸦片战争以来，一直是作为被动的屈辱的一方走向谈判桌，每一次条约的签订都是一次耻辱的明证。但是，这次不一样了，所有的中国人都扬眉吐气，政见不同的南北政府也难得达成一致，要借着一战战胜方的东风到巴黎一雪前耻，撕碎帝国主义半个世纪以来强迫中国签订的所有不平等条约。古老的中国终于有了一个以胜利者的姿态走向世界政坛的机会，可以最大程度地参与整个世界的事务了。喜悦、期待弥漫着整个国家，当然也包括远在海外的彭湃。但是，后来的巴黎和会的结果让所有的国人当头吃了一棒。会上，英法美日重新分割了世界，中国虽然是战胜国，但仍然没有摆脱帝国主义餐桌上鱼肉的地位。不要说废除一切的不平等条约，不要说废除让中国最透不过气的辛丑条约，就是中国人的底线——收回德国在山东的权益——也可能守不住。山东，这个中国圣哲的故乡，即将变成日本口中的肥肉。虽然中国代表顾维钧在巴黎据理力争，悲剧似乎已成定局。

在这样的背景之下，中国和日本就经历了两个完全不同的1919年，而身处日本的彭湃恰恰就生活在这种复杂的情绪旋涡当中。当时的日本处于国力最强盛的时刻，他们作为一战的战胜国，可以和传统的列强平起平坐，手持分割世界的屠刀。上溯甲午战争、日俄战争的胜利，日本人已经有了一种胜利的惯性，日本民众被这种惯性冲击到了狂傲的顶峰。在他们眼中，日本俨然是亚洲秩序新的建立者，而这种秩序的建立就要把羸弱的中国彻底掀翻在地。所以，在一战之后，日本仇视中国的情绪极端高涨，连一些街头的车夫、中小学生都会骂中国人是"支那马鹿"，这让彭湃很受刺激。

这样的怒火在所有留日的中国留学生心中已经燃烧到炽烈。这时一个消息传来，时任北洋政府驻日公使的章宗祥要回国了。这个章宗祥在近代中日外交史上是一个非常重要的人物，在1918年刚刚代表北洋政府签订了《中日陆军共同防敌军事协定》《中日海军共同防敌军事协定》，又参与段祺瑞政府向日本的借款，而且在巴黎和会前，他主张中国向日本靠拢，为了不让中国在巴黎和会上谈山东问题，他向日本政界中人夸口说："陆（指北洋政府外交总长陆征祥，巴黎和会任中国代表）易欺，与己有极密切之关系，此次欧洲和议，欲中国不开口，只须己之一言可耳。"他不断的媚日行径，洋洋得意的卖国嘴脸，早就让中国的留学生深恶痛绝。更让人气愤的是，章宗祥在回国之前，日本外务省为他饯别，吹捧他"为融合东亚民族起见，极力化解中日两国人士之误会与斗争，以期亲善之实现"。章宗祥要回国，首先要到东京车站，乘火车去神户。彭湃和同学们得到这个消息，早早就在火车站附近等候他的"大驾光临"。大家强压住内心的怒火，就等时机一到，一起爆发。

1919年4月中旬的一天下午，章宗祥在人们的簇拥下，大摇大摆地走进了候车厅。他看到车站上有数十名中国留学生手持白旗，浩浩荡荡向他们走过来。他以为是来送行的，顿时有点儿飘飘然起来。但是，等人们走近了，他觉得气氛有些不对，人群中每个人都满面怒色。人们越走越快，一下子把他围住，现场的秩序顿时大乱。章宗祥顿时慌了，他的脸上写满了恐惧，这群激愤的年轻人想要干什么？现场愤怒的口号此起彼伏，学生们大声地质问他，为什么签订卖国条约，身为中国人为什么认贼作父，他都出卖了哪些国家的利益！章宗祥被问得面红耳赤，几次想辩驳，都被学生的声音压制。他如同过街老鼠一般，无处躲藏，无奈只好设法从人群中脱身，哪想他刚刚钻出人群，一只手当胸把他揪住。

　　这个人就是彭湃，他揪住了章宗祥，多日来积攒的怒火一气发泄出来，照着章宗祥的脸就是一拳，其他同学见状，也纷纷冲上来，原本就无序的候车厅更加混乱了。同学们一边喊着："打倒卖国贼！""打倒章宗祥！""还我山东权益！"……一边将手中早就制作好的写着标语口号的旗帜使劲儿投向章宗祥。一面面旗帜如同一支支短箭，迅猛准确地向这个卖国贼飞了过去。他躲闪不及，慌忙用双手抱头，脚下一软，顺势跌倒在地。事发突然，这老贼虽见过些世面，但是也无法抵挡情绪激动的学生们。他浑身发抖，几次想站起来，都被人群打压下去。在场的日本警察赶紧过来维持秩序，章宗祥被随从扶起来，在警察的掩护下趁机钻进了车厢，狼狈逃离。经此一吓，他那往日积攒起来的得意早就消失殆尽。

　　彭湃这一出痛打卖国贼的好戏很快就在留学生的圈子里流传开了，同学们纷纷向他投来赞许的目光。当然也有些同学很为彭湃担心，当时的章宗祥毕竟是中华民国政府正儿八经的驻日大使，代表的是中国政府，就这样被一个学生给打了，政府能善罢甘休吗？但是彭湃有彭湃的坚持，他对同学们说："我打的不是政府官员，而是卖国贼。作为一个国家的公使，罔顾国家利益，一味卖国求荣，这样的人不是该打，而是该杀，该千刀万剐！"事情后来的发展证明了彭湃的说法，章宗祥作为巴黎和会的卖国代表，被五四运动中的学生一顿痛打，最后又被民国政府法办、降职；1942年他又投靠日本人，任伪华北政务委员会咨询委员，终其一生无法摆脱汉奸的罪名。

5

　　紧接着，五四运动的风潮传到日本，彭湃组织学生响应国内的学生运动，决定5月9日到中国驻日使馆请愿。

　　5月9日，对中国人来讲，是一个特殊的日子，因为1915年的这一天，日本逼迫袁世凯政府接受了丧权辱国的"二十一条"，举国上下为之愤怒，把这一天称为"国耻日"。但是，日本方面却选择了这一天庆祝皇太子冠礼，这无异于对中国的一大嘲弄。彭湃等学生得知这一讯息，自然怒不可遏，决定提前举行游行。5月7日，大批留学生聚集起来，集会请愿，但是遭到日本警察无情的镇压，30多名学生被捕，大量学生被殴打以致重伤，彭湃也被打得头破血流。彭湃回到寓所，磕破手指，愤怒地写下"勿忘国耻"四字血书，并给家乡写了一封长信，一并寄给海丰学生联合总会。一个海外学子的拳拳爱国之心，伴着鲜血迸洒的愤怒，一下点燃了海丰学生的爱国热情，他们在海丰举行游行示威，反对日本，抵制日货，一时间海丰上下掀起了前所未有的爱国热潮。

　　1920年10月，身处日本的彭湃组织留学生，成立了爱国进步团体"赤心社"。庆祝大会成立的日子，彭湃和同学们深入交流，年轻人的热血紧随自己的理想激荡。在这么热烈的场面下，彭湃想到的不是将来自己的生活，升官发财，金钱地位，他想到的是那年与大哥收租子的往事。千里沃野之上，农民过的是衣不蔽体、食不果腹的生活。所谓"四海无闲田，农夫犹饿死"，几千年中国民众的生活，并未因辛亥革命的成功而得到丝毫的改变，那么一个没能把民众从苦难中解救出来的革命，那叫什么成功呢？思及此处，彭湃大声疾呼："同学们，救中国需要革命。但是，革命之前，我们要仔细想想，中国需要什么样的革命？我认为，中国需要的革命是让千千万万民众，尤其是社会最底层、最悲苦的农民，摆脱当牛做马命运的革命，让劳苦大众当家做主的革命，只有这样的革命，才算是成功的革命！"

听到彭湃的话，酣热的现场冷静下来，同学们面面相觑，思考着彭湃的话，从来没有人想到，一个地主家庭出身的少爷，能够讲出这样的话来，或者，在场同学还没有充分准备去接受一个为劳苦大众建立的国家。有人开始热烈地响应，有人开始冷漠地对待，有人开始质疑，有人甚至开始轻蔑地嘲笑。这些中国的年轻人，身处异国他乡，此刻都怀揣着关于国家的理想，并且能够坦诚的交流。虽然，他们的意见有的不同，但是彭湃欣赏这份年轻的热情，也欣赏这份坦诚。

他的留学生活，就在这样的热烈与坦诚中慢慢度过了。对于彭湃的留日历程，有学者分析道："1919年集会的重要意义在于彭湃又一次显示了他的爱国精神、反抗精神和组织群众运动的才能。而且，这次集会表明，彭湃对中日两国政府极其厌恶，这是他同情日本的社会主义运动，最终成为一个社会主义者的重要因素。"

一个忧国忧民的青年，一个对北洋政府极其厌恶的留学生，一个对劳动者充满同情的富家少爷，他即将结束自己的学生时代，回到自己那个忧患满目的国家。等待他的，又会是什么呢？茫茫大海，铺就了他的归途，狂风巨浪，一起涌入胸怀。

六、救国先救人心

1

1921年，彭湃学成归国，回到了自己的家乡海丰。

彭湃迅速融入波澜壮阔的思想大潮当中。7月，他发起组织社会主义研究社和劳动者同情会，8月到广州参加中国社会主义青年团，并与陈独秀等人取得联系，开始系统地学习马克思主义，并自觉接受党的教育和培养。

在广州期间，当时主政广东的陈炯明约见彭湃，非常希望彭湃能做自己的私人秘书，但是因为社会理念不同，彭湃拒绝了。虽然遭到了彭湃的拒绝，但是陈炯明对彭湃的才华还是非常赏识的，他非常希望彭湃能为己所用，在他自己的政治蓝图中做一块重要的拼图。其实，在彭湃留学日本期间，与陈炯明就多有接触。陈炯明与彭湃有同乡之谊，彭湃几次回国，都曾到漳州与陈炯明见面，对他的为政方针、社会理想也有过深入的了解。此次回国，故人相见，思想上却已经有了分歧。但是，后来彭湃在海丰的作为，不管是学生运动还是农会建设，又与这位老乡有着千丝万缕的联系，两人的合作与斗争，在中国近代思想、革命的激撞中显得颇为微妙，这主要源于陈炯明其人。

陈炯明在中国的近代史中是一个重要而又复杂的角色。他1878年出生于海丰，后来成为粤军的主要将领，早年追随孙中山先生参加民主主义革命。在黄花岗起义中曾担任第四敢死队队长，黄花岗起义失败后，又参加辛亥革命、南北和谈等中国近代史上影响重大的事件。1917年，陈炯明响应孙中山先生的号召，率军护法，讨伐段祺瑞。经过浴血奋战打下闽西20余县，并以漳州为中心，建立起当时国民党的行政、经济、军事中心。在革新军政之外，他还倡导新文化运动，1919年12月1日，陈炯明在其闽南根据地创办的《闽星》杂志正式创刊，他亲撰发刊词，明确提出"全人类社会主义"，并宣称新文化运动为《闽星》的宗旨：

"我们既然要为世界努力，便当先从改造中国做起；改造中国，又要先从思想界改造起，这就是我们努力世界问题的一个步骤了。闽星社同人见得这个道理，发行半周刊，介绍世界新潮，阐明吾党主义，帮同社会上同志，为新文化的运动，即为思想界的改造，使人人都随着我们在进化线上走去，知道世界的演进，中国是负了一个极重的责任。由是用经营世界的精神，来创造中国的新生命。思想一变，新机大来，前途光明，没有穷极，这是本报的职务，也是本报的希望。"

另外，陈炯明一直谋求在华南创办一所高水平的大学，当时粤军驻屯闽南，受到窃据广州的桂系军阀的排斥，又受到福建皖系军阀的压迫，经济十分困难，但他仍表示粤军愿意节衣缩食，筹集5万元，作为在广州筹办西南护法大学的经费，希望能带动西南其他各省。9月，他在漳州发布《振兴教育令》，把改良县教育行政和学校教育，积极办理义务教育、社会教育和职业教育，列为当务之急。在聘请钟荣光为国民教育高等顾问的同时，陈炯明还任命梁冰弦为教育局长，执行"一乡一校"计划，在农村普遍设立现代学校。陈炯明不惜经费，宣布禁绝私塾，改而设立从师范学校、普通中学到工读学校、平民夜校、妇女家政讲习所在内的门类齐全的学校。1919年12月5日，上海《民国日报》报道了闽南护法区的教育："计龙溪一邑，学生数约有12000人，较去年又增加三倍。"1920年4月13日再报道："以龙溪一邑为例，本年（1920年）增加国民学校47所，高等小学以及乙种农业5所，添办工读学校1所，女子师范讲习所、女子工读学校各1所，又设立半夜学校90余所。"这一系列教育方面的改革，极大地提高了闽西地区民众的教育水平。

除教育改革之外，他还对漳州进行了一系列的政经改革，且政绩斐然，在当时引起了很大的震动，各国的领事馆人员、社会研究者，中国各高等学府研究人员、学生都曾经到漳州参观，并把当时漳州的社会改革看做中国社会政治改革的典范。据当时中外参观者记录，当时的漳州到处可见到建设的景象，道路拓宽，新屋不少，街道整洁，治安良好。各国在漳州的侨民对陈炯明的施政，也都引以为荣。还有观察者专门走访当地的民众，在当时紧张的内外环境下，当地的人民负担比较重的税务，但是尽管如此，民众看见陈炯明的施政效果，多数也感到比较满意。漳州的试验被外界广泛认可，誉为模范"小中国"。他不仅获得欧美的认可，同时也吸引了当时的苏联政府，苏联政府曾派代表团访问漳州，陈炯明和列宁之间也有部分通信，探讨社会主义建设问题。由此可见，陈炯明当时支持民主革命，热衷新文化、新思想宣传，并力图在中国实行新政改革，建立一个民众安康的新社会。

但是，他的为政思想中，有一个很大的问题，他不主张建立由某个人或者某个党派执政的统一政府，而是坚持联省自治。他的眼光具体集中在一地、一人身上，强调对一个地域的具体改革，对民众的具体教育，最终把中国变革为一个各省自治的状态。这带有明显的无政府主义特色，与当时孙中山为主导的国民党和强调革命的苏联政府都有所差异。1920年，他拿下广东，被孙中山任命为广东省长兼粤军总司令，他又把这种思想带到了广东，着力把广东打造成一个独立的自治省，不与北洋军阀占据的北方直接对抗，避免国家陷入内战，而是强调各省的和平统一。在这样的思想指导下，他与孙中山先生的北伐主张发生了冲突，从而导致最后的决裂。

陈炯明的政治思想，直接关乎广东的政局，而他对教育的注重，对无政府主义的追求，对民主革命的支持态度，他思想上的问题，他与孙中山先生最后的决裂，以及他对彭湃才华的看重，尤其是两人的同乡之谊，这些都对彭湃在海丰的事业有着直接的影响。

2

彭湃拒绝了陈炯明的聘任，又从广州回到了海丰，这在当时是很不被人理解的。很多人都为彭湃错过千载难逢的机会惋惜，但彭湃有自己的想法。彭湃在学生时代就是海丰学生的代表，在留日期间又与海丰的教育界多有联系，因此这次回家，他接受了县学生联合总会的要求，出任海丰县劝学所所长。

当时的海丰远离中国的文化中心，教育资源和教育思想都相对匮乏。但是，多年的留日让彭湃明白，日本的崛起与它的教育是分不开的。虽然，日本的教育中有诸多的弊端，却也切切实实地让日本摆脱了曾经的落后，民智开化、科技发展、民主观念、自由理想、社会进步的每一点滴，无不是教育使然；而且，在新思想的传播上，教育尤为重要。他心中的信仰，马克思主义要在中国得到广泛的传播，教育是必经之路；改造教育，就是改造中国。欲新中国，必先新中国之教育，这是当时彭湃，也是很多与彭湃一般的有识之士的共同见解。在这样的思想之下，彭湃一上任，马上满怀期待开始了对海丰教育界大刀阔斧的改革。

　　上任第一天，彭湃信步走进办公室，往椅子上一坐，想到今后的事业，顿觉激情满怀。他铺展纸砚，执笔写下："漫天洒下自由种，伫看将来爆发时"一联，墨色饱满，笔迹遒劲，正是他当时心情折射。墨迹未干，他小心翼翼地把这副对联贴到自己办公室门的两边。他又端详着自己的笔迹，在门口踱了几圈，这副对联就像他的教育宣言，简洁响亮地道出了他的教育理想与教育期待。然后，他回到办公室，踌躇满志地开始起草教育公告。教育公告集中了彭湃几年来的思考，也是海丰当时教育界的一大难题。当时的海丰已经有师范、中学和小学，表面看来，已经是教育设施齐备。但是细究起来，所有学生的来源却非富即贵，贫苦家的孩子很难进入到学校当中。究其原因有二。一是当时的教育没有特意向贫苦农家敞开，不宣传，不鼓励，农家子弟没有入学的意识；二是，一般的农民家庭，人口就是劳动力，小孩子到了三五岁要拾柴，到了十来岁就要跟大人干活，十三四岁就要独当一面了，农民家庭没有习惯，也无力负担一个读书的闲人。所以，当时的教育非但没有让人人平等，倒是让人与人更不平等起来了。彭湃上任，给自己定下的第一要务，就是要打破这种贫家子弟不入学堂的现状。

　　他多方奔走，想方设法能够让贫苦家庭树立读书的意识，让他们知道，知识是可以改变命运的。一位大所长深入普通百姓家，这在当时也是件怪事，更何况这还是个地主家的少爷，刚刚从日本学成归国，喝过洋墨水的大学生。开始人们不适应，但没过多久，海丰的农家开始习惯于一个穿着西装的官老爷进来讲讲上学的好处。他还从上面着手，尽量减免农民子弟的学费。按照当时学生家庭的实际情况，学生除了上学，还得承担一部分家庭劳动，于是在彭湃的建议下，尽量调整学校的作息时间，让学生们放了学还有时间回家劳动。种种的便利条件，终于让更多的农家孩子走进了学校。

　　彭湃的课堂总是与众不同，老师教得生动有趣，孩子们自是上得津津有味。他从来不会一板一眼地照本宣科。他不让学生们起立行礼，也不让学生们唤他"先生"，大家尽可以随便一些。彭湃自小养成的画画功底，此刻派上了用场。课堂上，他在黑板上画个"7"："来来来，大家猜猜，这是什么？"同学们瞪大了眼睛仔细瞅，脑子里迅速地思考着。一个叫林道文的同学回答："这是拾猪粪的猪屎耙。"此话一出，同学们哄堂大笑，彭湃并不生气，反而笑着纠正他："这是'示特'（手杖），是贵族资产阶级拿着打我们劳苦大众的，这样的人，要打倒他。"同学们听了，情不自禁地为彭湃鼓起了掌。上自然课，彭湃给大家讲《蝗虫与稻》，他说："蝗虫代表的是剥削阶级，稻子代表劳动人民，要使水稻繁茂生长，必须要有杀虫药来扑灭蝗虫。"他总是能把枯燥的知识用与同学们息息相关的事情来讲述，将自己先进的思想一点一点地传递给学生们。

除了对农民家庭的照顾，人们很快发现，这个所长还有另外一个特点。开始的时候，他下到学校考察，教师们把他当作长官。他迎面走来，那些学校的老师都侧身屏息，鞠躬问彭所长好、彭先生好。彭湃见状非常不自在。有一次，一位老师在校门口认出了他，毕恭毕敬地说："彭所长好。"彭湃见那位老师比自己还要年长，就说："这位老师，大家都是同事，共同为海丰的教育事业努力，没什么所长不所长的。以后，我们但以兄弟相称就是，不然就见外了。"说着，拉住那位老师的手，肩并肩走进学校。这位老师很是感动，一进学校，就招呼大家，说我们的新同事来了，大家快来见一见新同事喽！有些认识彭湃的人有点儿摸不着头脑了，这不是彭所长吗？大家围拢过来，彭湃笑着对大家说："咱们都是同事，千万别所长所长的，叫得见外，以后，比我年轻的同事，可以叫我彭大哥，年长的同事如果不弃，就叫我一声老弟！"教师们见他说得热忱，毫无造作之意，也都笑作一团，大家彭兄、老彭、彭老弟地叫着。从此，彭所长毫无架子的美名就传了出去，人们少了一位长官，多了一位兄弟。

与人共事，必须要志同道合，彭湃先后聘请留日同道陈魁亚、郑志云、林俊材、杨嗣震、李春涛等到海丰任教。不仅如此，他也很快得到了海丰多数基层教师的信任，特别是一些年轻的教师，他们知道彭湃为人与众不同，也很敬佩彭湃的学识，尤其喜欢听彭湃说起自己在日本的见闻，喜欢听彭湃对社会、对中国未来道路的设想。彭湃也非常乐意与这些年轻人在一起，和他们谈思想，谈理想，谈中国的未来，仿佛又回到了在日本求学期间与朋友们坦诚、热烈地交流的时候。因为他的热情，向他请教的人越来越多，彭湃的书房往往高朋满座，大家说到趣味处，往往笑语欢声。彭湃后来就给自己的书屋取了个有趣的名字：得趣书屋。

这天，得趣书屋又迎来了一位客人，这是一位年轻的高小教师，他的身边还带着几位小学生。这位教师脸上带着愁容，从小学生们的穿着看来，他们应该都来自比较贫寒的家庭。彭湃迎过去，倒了杯水，招呼这位老师坐下。经过多日的相处，教师们与彭湃之间早就亲如兄弟，无话不谈了。但见这位老师喝了一口水，摇摇头说："彭兄，太难了，这些农家的子弟，上学太难了啊！"

听到这样的感叹，彭湃马上关切地问："怎么回事呢？"

"就拿这几个孩子来说吧，家里穷，做父母的愿意让孩子读读书，但是又无力养一个读书的闲人。孩子白天要上学，放学回家就要做农活，不比那些不上学的孩子们干的少。有的一干干到大半夜，第二天就没有精神学习，尤其是这么折腾，孩子们的身体也受不了啊。因此，不少孩子和家长，都打起了退堂鼓。"说完，又喝了一口水，像喝了闷酒一样，吐出深深的叹息。

彭湃听到这儿，也皱起了眉头，他懂得一个农家的孩子要想学有所成，需要付出的努力可能是富家孩子十倍百倍，但是，就这么放弃了，则更可惜。于是，他笑了笑，说："难，是难啊！累，也是真累。"说着，他满是关切地看着几个孩子，招呼妻子给他们拿些糖果、吃食，然后接着说："但是，农民要改变生活的现状，就要付出更多的努力。受累才能创造价值，受更多的累，就能创造更多的价值。我们的教育和别人不一样，我们要办全民的教育，尤其要鼓励农家的子弟上学，我们不是富人教育，不是教人怎么养尊处优。我们要坚持不劳动，不得食，让它成为海丰的道德准则。要坚持，坚持学习，也坚持劳动，坚持付出更多的努力，创造更多的价值。"他越说越激动，他站起来，年轻教师和学生也昂起头，目光随着他向上看。他们刚才的怨气和困惑在彭湃的鼓舞下开始消失，他们慢慢相信，这个人能够让他们看得更高，走得更远。

3

把农家的子弟招入学校，只是彭湃公平教育的第一步，他的第二步是要让女孩子走进学校，和男孩子享受平等的受教育的机会。

女子入学，在20世纪20年代的中国已经不是什么新鲜事，在北平、上海这样的大城市，人们已经司空见惯，但是在海丰这样闭塞的地方，还算得上件稀奇事。不要说穷人家的姑娘，就是富人家的小姐，也都没有进学堂的习惯。女人，在当时看来，只是一户人家传宗接代的工具。在家从父，嫁人从夫，夫亡从子。她们越无知，就越容易顺从，越甘心做男性的附庸。所以，把女孩子挡在知识的大门之外，挡在校园之外，似乎才更符合这个男权社会的利益需求。千百年来，社会上流行着女子无才便是德的陈腐观念，把女性束缚在了无知的枷锁之中，而更要命的是，在这样的社会主潮中，很多女性自己也心甘情愿地被束缚。这样，解放女性的思想就变得更为复杂。尤其是穷人家，男孩上学还能博个出身，女孩则一无用处，女孩子入学堂，几乎成了天方夜谭。但彭湃要做的就是要改变这千年的积弊，让女孩子也受教育，接受新知识、新思想，享有这个时代每个人应该享有的权利。

彭湃心知这一改革的难度，要破除几千年海丰歧视女性的积弊，非得用点儿非常的手段。于是，他一方面动用自己在教育局的资源（此时的劝学所已经更名为教育局，彭湃任局长），发动全海丰的教师，宣传女子受教育的必要性和重要性；另外一方面，他觉得这样的事情不仅要有疏导、劝勉，更重要的是要有榜样。海丰这么多年知名的女性都是贞女节妇，从明代到清朝，这样的表彰牌坊不知道有几座，而每一座都是压在女性身上的重荷。所以，要改变海丰人对女性的认识，就要向他们展示新女性的风采，让他们从经验中认知新女性的价值。他把眼光投向了当时接受过新型教育的两位女性——陈淑娟、周慧英。

　　彭湃非常真诚地把自己的想法告诉了她们两位，并说明，开办女校的当务之急是生源问题。陈淑娟听到这里，告诉彭湃其实很多家长还是想把孩子送到学堂当中的，家长们的目的可能与彭湃不同，他们并不希求自由、平等，但很多开明一点儿的家长认为女孩子能够进学堂读几年书，也算是赶个潮流。现在的海丰，要让女孩上学，缺的就是一个带头人，这个口子一开，所有的问题就迎刃而解了。而且，作为女性她们了解很多家长有个顾虑，就是现在的学校教师以男性为主，那些刻板的家长难免有些顾虑，如果能在女校中增加女性教师的数量，家长们接受起来也会比较容易些。彭湃越听越觉得相见恨晚，爽快地决定，女校之事就有两位女性主办，他会大力支持。在彭湃的大力推荐下，海丰教育界的第一任女校长诞生了。

　　两位女校长也确实不辱使命，她们亲自走访海丰著名的乡绅，带去的不仅是新的时代观念，新的女性观念，关键是，她们本身就是女性教育的成果。很多乡绅本无意叫孩子读书，但是一看两位女校长优雅、干练，言谈举止也不像人们盛传的那样洋学生都是轻浮的举动，也就慢慢动了心，开了窍。在她们的努力下，一些有名的乡绅开始将女儿送到学堂，这又带动了一大批普通人家，女校就这样轰轰烈烈地开班了。在开学典礼上，彭湃意气风发，他站在典礼台上，朗声说："同学们，今天是海丰教育界的好日子，我们海丰的第一所女子学校成立了。"话音刚落，台下掌声雷动。家长们看到自己的女儿穿着利落、美观的校服站在台下，也都喜笑颜开。尤其是女孩子们的母亲，有的竟然激动地流下了眼泪，这眼泪中有骄傲，当然也应该有一些失落吧。

　　从这之后，海丰的女孩子上学就成了惯例，上学的女孩子越来越多，一所学校已经无法满足海丰的需求，很快第二所学校开始招生。在彭湃的主持下，海丰的教育事业也很快享誉广东。

　　接下来，彭湃又对海丰的教育进行一系列改革，去除了教材中陈腐的内容，把《新青年》中有影响力、有强烈时代感和思想性的文章加入教学内容当中，让海丰的学生能够同步感受时代的风潮。他有时还会自己走进教室，用充满生趣的方式为学生讲述自己所信奉的马克思主义思想。

有一次，他在课堂上教学生画画，简练的几笔勾画出一个雄伟的建筑，殿堂高耸，广场开阔。学生们好奇地问，彭老师这是哪里，是省城吗？京城吗？望着一双双好奇的眼睛，彭湃摇摇头，说："不，这里是——"他顿了一下，在黑板上写出三个大字：莫斯科。接着，在学生期待的目光中，他开始激情澎湃地讲起了马克思主义，讲起了十月革命，讲起工农当家做主的国家。那个理想中平等、自由、富强的中国，在他的讲解中深深地印画在每一位学生的脑海里。马克思主义开始走进海丰的学校，这里不仅仅成为整个广东教育改革的模板，更成为马克思主义思想传播的阵地。然而，他的一些作为和思想也着实刺激了海丰教育界及政府中的保守主义者，在一派欣欣向荣中，反对彭湃的阴谋也开始暗潮涌动。

4

海丰教育界经过彭湃的改革，已见诸多新气象。但是，很多旧有的观念还是牢牢占据着人们的心头。比如，在县城第一高等小学门前，立着一面墙，上边写着"天官赐福""泰山石敢当"等字样。这些民俗性的内容，在今天看来也无伤大雅，但是在当时新与旧尖锐对立，要立新思想，过新生活，就要破除旧思想，破除旧生活。在现代文明光耀之下的校园，岂能有这等封建迷信的残余堂而皇之地存在？彭湃召集教育局工作人员和小学的师生，把自己的想法说给大家。大家听完都觉得有道理，振臂高呼：破除迷信，破除迷信！在师生的高呼声中，彭湃抢起早已握在手中的铁镐，冲着那堵天官墙砸去。在彭湃的带动下，大家一起动手，你一把，我一把，一堵墙很快就灰飞烟灭。大家齐声高呼，彭局长真厉害，天官都敢砸，石敢当也挡不住。彭湃见大家的热情如此高涨，也应和着说："大家要知道，厉害的不是我彭湃一人，是我们大家，只要大家能够团结一心，不要说一堵墙，就是再大的压迫，再大的阻碍，我们也能把他推翻、踏平。"

破掉土墙，彭湃又把眼光转向了县城外的围墙。这一段围墙不长，东西南北各有一门，是城内万余人、城外四十多万人交通往来的通道。但是，海丰的土豪劣绅们很早就打起了它的主意，门门设卡，吃拿卡要，让想进城的老百姓寸步难行。百姓们都有怨言，但是慑于土豪劣绅的淫威，大都敢怒而不敢言，只能默默地忍耐。时任海丰县议员的彭汉垣就提议，拆除城墙，拓宽道路，这样既能让城内面貌改观，同时也能方便城内外老百姓的交通往来和商贾贸易。但这要是拆去城墙，可就断绝了很多人的财路，于是在他们的联合反对下，提案被否决了。这次，彭湃见到师生如此高涨的热情，就因势利导，把师生的焦点转移到城墙上去。

消息一传出，海丰的权贵劣绅们就急成了热锅上的蚂蚁。他们聚成群，来到海丰望族陈家。这个陈家和彭湃可谓是冤家路窄。当年陈月波给林干材塑像，被彭湃砸去了鼻子，灰溜溜避难香港；后来陈伯华的劝学所所长一职又交于彭湃，彭湃大刀阔斧的改革，把他的主张、人脉一扫而空。现在终于又有了一次和彭湃对峙的机会，而且陈家的老太爷陈玉珂一看，这么多有头有脸有实力的人站在自己门前，这绝对是扳倒彭湃的天赐良机。于是，他装腔作势地说："各位的心意，老朽明白。海丰的一草一木，那都是老祖宗的荫庇，怎能让他彭湃说毁就毁，那是断咱们子孙后代的命脉呀！大家不要担心，我这就写信给犬子，让他回来主持大局。"他所谓的犬子，当然就是陈月波。

陈月波接到父亲的信，也觉得和彭湃算账的机会来了。他匆匆回到海丰，立刻宣布召开"护城大会"，叫嚣着要除去彭湃，匡正人心。他利用在海丰方言中"泉"与"蛇"的谐音，蛊惑人心说："他彭湃，哪里是什么天泉，明明就是天蛇，是来搅闹咱们海丰的天蛇！"他的话引起众多海丰权贵们的应和，他们纷纷叫嚣着不能让天蛇搅乱了海丰的天，气势汹汹地汇聚到县政府门前，口口声声代民请愿。

当时的海丰县长叫翁桂清，是个非常没主见的人，海丰的人民私下里给他起了个绰号，叫"妹仔县长"。他这个官，说好不好，说坏不坏，就是个见风使舵、和稀泥的老泥鳅。他见到陈家势大，不敢得罪，但想想彭湃在整个海丰，尤其是青年中享有很高的威信，他也不敢贸然行事。于是，来了个顾左右而言他，这个这个、那个那个了半天，陈月波也没听出个所以然来。那帮权贵劣绅也是一个个云里雾里。最后，陈月波终于明白，翁桂清的之所以犹犹豫豫，是不敢担责任，他要等上边开口，所谓上边就是陈炯明。

陈炯明是海丰人，和陈家素有交往，还多少有点儿亲缘，但是陈月波也知道陈炯明对彭湃向来器重，贸然去广州这么闹恐怕行不通。最后，还是陈玉珂出了个主意，要除掉彭湃必须搬出海丰的一尊佛，他就是陈炯明的叔父陈六纪，仗着陈炯明的势力，他就是海丰的太上皇，人们都要敬他一声六太爷。陈月波一听来了精神，陈玉珂又告诉他，这个老爷子最听不得奉承，几顶大高帽子一戴，立马就难辨东西，所以得备点儿厚礼。

这样的事情，陈月波当然是无师自通，他又拿出曾经塑像的劲头儿，着人搞了一个金灿灿的牌匾，上边写着"力保丰城"四个大字，吹吹打打送到了陈六纪家，见到老爷子，又是力挽狂澜，又是德高望重，又是为民做主，一通甜言蜜语灌下去，老头子陈六纪早就如堕云里雾中，满口应承：你们尽管去干，凡事有我！这句话，就像一道敕令，陈月波再无顾忌，纠结了一干流氓地痞，喊着"赶走彭湃""力斩天蛇"的口号，冲击教育局。幸好有人通报，彭湃早一步翻墙从后院离开，才免遭毒手。

为了安全起见，彭湃离开了海丰，他路经汕头，继而到达香港，又辗转回到广州，给翁桂清发了一封电报，提出辞去教育局长职务。得到这个消息，陈月波等人大喜过望，决定盛宴庆功。正当他们觉得大功告成，弹冠相庆之时，海丰的进步青年、教育界人士、学生联合会迅速组织起来，他们奔走呼告，游行示威，整个海丰都沸腾起来，抗议当局对凶徒的包庇，抗议封建顽固势力对彭湃的迫害。这样的阵势是翁桂清想都不敢想的，他怕局势无法收拾，最后波及自己头上的乌纱帽，赶紧耍起了墙头草的本事，发电报对彭湃表示"慰留"，并口口声声惩治暴徒。不久，彭湃就回到海丰，重新主持教育工作，陈月波等人的如意算盘再次落空，而海丰的进步力量经过此次锻炼也更加团结起来。

5

今日何日？
五一劳动节，
世界劳工同盟罢工纪念日。
劳动最神圣，
社会革命时机熟。
希望哥哥和弟弟，
"劳动"二字永牢记。
…………

这是1922年，彭湃在劳动节前夕写下的《五一劳动节歌》。经过和陈月波等人的这一场斗争，彭湃看到青年学生身上蕴含的巨大能量，而今天的学生，就是明天社会的主力军，要建立一个工农的社会，就要让学生们知道劳动在这个世界上的意义。但是，在当时的海丰，人们的传统思想中，总是觉得应该是劳心者治人，劳力者治于人，似乎在中国几千年的认知惯性中，劳动者就应该是那个被统治的社会的底层。因此，在五一国际劳动节前夕，彭湃有感社会的公平不彰，人们的心智不开，不禁心潮涌动，挥笔写下了这样的歌词。他边写着，一颗心已经飞到了红旗、口号、人们坚定的面孔和雄壮的歌声中，这才是中国的明天，社会的希望，一个热爱劳动、尊重劳动、公平明朗的中国。

歌词很快写好，他找人谱了曲子，就送到了县学生合唱团中，找专门老师教唱，期待在五一节那天，让青春的力量，雄壮的歌曲，给封闭的海丰城一次新世界的震撼。排练当场，几百名年轻的学子齐声高唱，彭湃也不禁跟着打起了拍子，多么美好啊，这青春、这朝气，这就是中国的希望啊。一曲终结，弹风琴伴奏的老师陈淑娟向他走了过来，脸上带着微微的犹豫，彭湃看到，心领神会，问："陈老师，您有什么事情吗？"

陈淑娟想了一下说："彭局长，我对您的歌词有意见。"

在场的人无不一惊，在那个年代，一个下属向他的上级提出这样的问题，还是挺罕见的，彭湃也一惊，他不知道陈淑娟这句话指的是什么，就说："陈老师请讲。"

陈淑娟一向快人快语，尤其在女校的管理方面，工作很是突出，说什么也不拖泥带水。人们把目光都聚到了她的脸上，她说："彭局长，您看，最后一句哥哥和弟弟要永记'劳动'两个字，那我们姐妹呢，我们也是劳动者，难道就不要记住'劳动'二字了吗？"

彭湃听到这一拍手说："陈老师提得好哇，是我疏忽了，我疏忽了——"陈淑娟接着说："您看，改成兄弟与姐妹，怎么样？""好，"彭湃当即赞叹，"您就是我的一字之师啊，"众人听罢也都跟着笑了起来。在大家的欢声笑语中，排练继续，就期待着五一节的到来。

但是那一年天公不作美，五一节这天天降大雨，而且一下就是三天。人们出不了门，彭湃就在室内为大家讲解五一节的来源，还做了《纪念"五一"劳动节的意义》的专题报告，让老师和学生们从理论上对大游行的意义、劳动的意义，有更加深入的认识。到了5月4日这天，天空碧蓝如洗，阳光之下，彭湃把事先准备好的一面大旗给了大个子旗手余汉存，旌旗一挥，队伍出发了。红旗、笑脸、口号、歌声沸腾了整个海丰城。彭湃领着队伍走在最前边，浩浩荡荡的队伍走过海丰的各条街道，最后聚集在东仓铺的广场。到了广场上，彭湃安排杨嗣震向师生们做了《"五一"运动纪念日是社会运动的纪念日》的演说。杨嗣震是湖北黄梅人，1917年与彭湃一起赴日留学，两人志趣相投，一起探讨救国之路，结下了深厚的友谊。1920年，与彭湃、李春涛等发起组织爱国进步团体赤心社。1921年8月，在日本经施存统介绍加入中国共产党。后经彭湃邀请来海丰任教，协助彭湃进行教育改革。

　　轰轰烈烈的大游行震动了整个海丰，师生们高喊口号，放声高歌，人们的气势如同惊雷一般。这边游行队伍热情如火，那边土豪地主的内心刺骨寒凉。这是海丰历史上第一次以劳动的名义开展的大游行，反动保守势力为之惊骇，噤若寒蝉的他们马上暗中勾结，开始处处与彭湃为难，最终迫使当局撤销了彭湃教育局局长的职务。

　　彭湃被撤职之后，开始思考自己回国之后的作为。短短时间，他就让海丰的教育界改头换面，成就不可谓不大，但是这样局限在教育系统，停留在思想层面的改革，离更深切的中国现实，离自己的社会理想毕竟还相差太远，他无时无刻不在思考自己未来的道路，如何能够在中国的大地上打开更深远、更广阔的革命局面。"到农民中去"几个字闪现脑海之时，就像一道闪电划过沉沉的夜空，也照亮了彭湃未来的前途。他暗暗下定决心，只有到农民中去，才能切实地接触农民、了解农民，才能唤醒农民、解放农民。想到这儿，一条更宽广的道路在他的眼前铺展开来。

七、走进农民心里

1

　　1922年盛夏，烈日当空。海丰县城附近的农村赤山约，逼仄、杂乱的乡间小路上，走来一个穿西装戴礼帽的年轻人。这个人一边走，一边热情地向往来的村里人打招呼。但是人们对他并不热心，有的勉强招呼两句，闷头走自己的路，更多的人则是远远看见他过来，就绕路走了。这让年轻人感觉沮丧。他走到一处打谷场休息，正好一个老农在晒谷。年轻人再次热情地和老农打招呼："大伯，你好啊！"

　　这位老农仰起脸，上下打量了一下年轻人，讷讷地说："您是叫谁呢？"年轻人一笑，说："大伯，我当然是叫您啊，您看这周围也没有别人。"老农没有停下手里的活，口打唉声："唉，我看啊，您是认错人了，看您的装束，要征税，就去找村长吧，我一把老骨头，榨不出几两油了。"说着就又低头做活儿。

年轻人恍然大悟，原来是这身装扮让自己和村里人产生了隔阂。他紧走两步，来到老农身前，热情地说："大伯，您误会了，我可不是来收税的，我只想跟咱们村里人，聊聊天，聊聊收成，聊聊生计啊！"老农站起身，收拾起农具，一声不吭地走了。年轻人看着老农一步一晃的背影，无奈地摇摇头。

这个年轻人就是彭湃，从海丰县教育局辞职之后，他开始实践自己到农民中去的想法，并在自己创办的《赤心周刊》中发表声明《告农民的话》，以表明自己的决心。可是，出人意料的是，当他走进农民中之后，才发现，自己的所谓的告农民的话，农民根本就无法听到。不要说别的，就是他自己这身衣服，薄薄的一层，就是无法穿透的厚厚的隔膜。

农民是中国最广大的群体，他们人数最多，承担的劳役最重，他们千百年来生活在饥饿的边缘，流汗却不得饱食，只能维持基本的生活需要，渐渐成了只会低头土里刨食、不知生活还有另外的道路的一个盲从而麻木的人群，他们以其忍耐肩负着这个民族最深沉的苦难，又以其麻木不知何为痛苦之原因，这是最让人悲伤的地方。彭湃这样想着，要深入农民、唤醒农民的决心就更强了。

碰了这一次钉子，彭湃自觉并非毫无所得，他至少知道了，要消除自己与农民之间的隔阂，首先就是要脱了这身少爷衣服。想到这，彭湃急急忙忙赶回家，一进家就翻起了自家的衣柜。妻子素屏看愣了，结婚这么多年，丈夫从来没有在乎过自己的穿着，怎么今天突然翻起衣柜来了，就问他，这是干什么，怎么突然想起自己找衣服来了，怕是平日我给你准备的衣服不合心意吗？彭湃听完，拉着妻子的手坐了下来，说明缘由，并说自己要找一身农民的衣服。妻子听后会心一笑，她明白丈夫的心思，但是笑丈夫怎么这么孩子气，在他们这样的人家怎么可能找到一身农家衣服啊！素屏笑笑，提醒丈夫，他要找的那种衣服，长工才有啊。彭湃听完，眼前一亮，怪自己脑袋怎么这么笨，说着就跑出了屋子，直奔长工的住处。

长工一听少爷要借自己衣服，惊得目瞪口呆，继而又为难了。自己从娘胎里出来，就没穿过一件像点儿样的衣服，哪有衣服借给少爷啊？彭湃听到他这么说，哈哈大笑，说："大哥，我不要什么像样衣服，就你这身挺好啊！像这样的还有没有？你不给我找，我可要自己动手了。"长工更纳闷儿了，少爷这是怎么了，莫不是让人家罢了官，闹了什么病？但此时，彭湃早就动手给自己换上了一身粗布带着补丁的衣裤，背后还背了一个破旧的大斗笠。彭湃上下看看，还是觉得有点儿不对劲儿。鞋！彭湃脱掉脚上的皮鞋，对长工说："老哥，你看能不能给我找双鞋来？"长工低头看看自己的脚，一龇牙，说："就这么一双，您看行不？"彭湃穿上这双土布鞋，使劲蹬了蹬，实在穿不进去，干脆甩下袜子，说声谢谢，光着脚走了出去。那位长工看着彭湃脱给他的光鲜的衣服，半晌没有回过神来，在他的心里，彭家这位四少爷大概是得了什么疯病。

彭湃再次出门，穿着长工的衣服，赤着脚，一到街上人们吓得纷纷躲避。彭家四少爷疯了……谣言在街巷流传，而这时的彭湃已经到了赤山约。他赤着脚走在农家的田埂上，泥巴早就沾满了脚。这回在地里干活、在田间往来的农民再也不躲避他了，彭湃向他们打招呼，他们也回应一声，显得很自然。彭湃在乡间一待就是好几天，皮肤越来越黑，和农民的关系也越来越近，他似乎找到了些门道。为了和农民们找到共同语言，彭湃利用各种形式来和大家进行攀谈：杂耍、魔术、方言、歌谣、民间传说和故事……为了能吸引农民听讲，彭湃好似长出了三头六臂。逐渐地，就有了几个和他相熟的农民，他们可以聊聊天，听彭湃讲讲革命的道理。

在聊天中，彭湃对农民的了解越来越多，也越来越深刻；他们切实的需要，他们心中的痛苦，他们对造成自己的生活困苦的原因的认识，一点点明朗起来。他真的走到农民中间，才知道发动农民这条道路有多么的宽广。

2

彭湃被农民接受了，但是家中却炸开了锅。当初，彭湃一篇《告农民的话》，被七弟诵读，母亲恰巧听到，当场捂住七弟的嘴，还苦口婆心地劝说彭湃。祖父艰难困苦经营才有今日家族的富足，倘若如彭湃有此做法，那彭家岂不是要倾家荡产吗？他从赤山约回到家中，顿时被家里的气氛惊住了。自己的屋子里，摆满了探望病人所带的礼物，几位本家的长辈围坐在桌子前。素屏小声对他说，这些长辈听说他得了疯病，特意来看他。彭湃苦笑了一下，这些人一个个面带怒气，哪有一点儿观望病人的样子哦。彭湃大大方方地走到桌前，向长辈们鞠了一躬，朗声说："有烦各位长辈，你们看，我并没有什么病啊！"

彭湃的一句话，引燃了一个火药桶，各种指责横飞而出。他们老迈的颤巍巍的声音里带着怒气，有的说天泉啊，你哪是没病，是病得不轻啊！有的说，你整天和那些庄稼汉混在一起，洋墨水算是白喝了。他们敲桌子，拍大腿，拿拐杖狠命杵地，每个人都是一副兴师问罪的派头。彭湃看到这些人的样子，无奈地摇摇头。他们发完了牢骚，又转过头来，显出苦口婆心的一面："天泉啊，你是彭家的千里驹呀，放着好好的官不做，搞那些运动，现在又跟一帮泥腿子称兄道弟，把自己搞得身败名裂不说，家里也要跟着你丢人现眼。我们作为长辈实在是不忍心看你这样下去，所以今天来劝你，望你能悬崖勒马，体会我们做长辈的一片苦心呀。"

彭湃点点头，说："各位长辈的心意，我自然清楚，但是请各位看一看，中国几千年来的，人们都争着做官，但是谁真正管过百姓的疾苦。现在国难当头，民不聊生，如果还是整天想着自己的富贵，自家的飞黄腾达，那么国家怎么办，人民又怎么办？"

"但是，古语云：子不改父道。从你祖父起，父兄一心才攒下这份家业，你倒好，现在天天钻到村子里，鼓动田仔反田公，这不是儿子反老子，大逆不道吗？"说着，这位老人家拄着拐杖挺身而起，大有讨伐忤逆的气势。

彭湃先安抚老人坐下，接着说：“您说起古语，虽然彭湃才疏学浅，也蒙父祖教化，天下大同，民贵君轻，应时而变的道理，还是知道的。现在的天下，早已不是一人一家的天下，而是全体国民的天下，民众困苦就是国家困苦，民众贫弱就是国家贫弱，列强环视，国将不国，我们怎么还能仅守着自己的田亩，而置天下的百姓不顾呢，这才是您说的大逆不道啊！”

众人一时语塞，纷纷伸出指头，向着彭湃指指点点，却说不出一句反驳的话来。正在这时，彭湃的屋门突然啪的一声被撞开，人未到，声音已经先进了屋来：“逆子！你还有脸回来啊，逆子！”众人往门口一看，进来的正是彭湃的大哥彭银，在那个长兄为父的时代，一家的大哥往往是代行父命，这就难怪他呼天抢地了。彭湃见大哥来了，想让座，但是他还没来得及说话，彭银又冲他嚷了起来：“老四啊，你这个逆子，祖父自小视你为彭家的千里驹，彭家这么多年对你是尽心栽培，哪里有半点儿对不起你，你做出今天这等事，真是让列祖列宗丢脸啊！”素屏一直站在旁边，她赶紧劝大哥坐下，逢迎着倒水、赔笑。彭银怒气稍减，说：“你要是还认我这个大哥，就赶紧脱了田仔这身烂衣服，家里再想办法帮你谋个职位。你要是不想做官，家里养着你，切不要再丢人现眼！”

彭湃看大哥如此蛮不讲理，针锋相对地说：“大哥，您应该看一下，现在的世界是什么世界，现在的中国是什么中国，如果人人都只重自己的一己之私，富贵荣华，盘剥民众养肥自己，中国终将灭亡，国都没了，何以为家！这才是真正的逆子，不仅丢了祖宗的脸，也葬送了儿孙们的生活。”

“你你，嗨——”彭银无话可说，一甩手走出了彭湃的家门，在座的众人也打着唉声，摇着头，纷纷离开；只有素屏站到彭湃身边，紧紧挽住丈夫的胳膊。

3

家里边闹翻了天，但是村子里却热火朝天。经过一段时间的努力，彭湃已经熟识了众多的农民。他把革命的道理用浅显易懂的田间语言讲给农民，还想了一些大家喜闻乐见的形式，农民们听得懂，也愿意听。军阀、劣绅、剥削、社会主义、工农组织等，以前农民们做梦都想不到的词开始在乡间口耳相传，一个新的世界正从彭湃的口中走向农民的心里。后来，农民们不仅仅听，还会给彭湃提提意见，一位老农就告诉彭湃，他这样三三五五地讲，大家听不透；这儿说说，那儿说说，乡里人记性不好，领悟不高，好多话还给传错了。你要是能集中讲，大家集中听，那效果就好上百倍千倍了。彭湃觉得很有道理，就问去哪里能让农民兄弟们集中来听呢？老人说，赶圩的日子，到集市上说啊，人多，热闹，你一说大家就都明白了。彭湃一想，这真是个好办法，集市上人多，气氛也好，并容易产生轰动的效应。彭湃谢过老农，开始准备他到集市的第一次演说。

到了赶圩那天，十里八乡的农民都到了集市，人们发现今天的集市上除了叫卖声外，还多了一种声音。那是彭湃的留声机在播放音乐。村里的农民很少见到这种东西，于是纷纷围拢过来，人越聚就越多。有人认出是彭湃就对身边的人说，今天彭先生要给我们田仔讲课啦，一传十十传百，来听的人把彭湃围得水泄不通。彭湃很是欢喜，自打自己走进农村，还从来没有这么多人听自己讲话呢。他关了留声机，音乐消失，人们反而更安静了。只听彭湃大声喊："农民兄弟们，我就问你们一件事，有谁不欠田公的账吗？"

一句话把众人都吸引住了，这是大多农民心头的病，他们整日劳作，但是往往入不敷出，一年压一年，背越来越弯，债越积越多，日子越来越穷。大家听彭湃这么一说，你看看我，我看看你，都纷纷摇头。

"那有没有哪位田公欠你的钱！"彭湃发出第二问。

这一问，在场的农民都笑了，人群中有人回答："彭先生，您晕了头了吧，从来都是咱们欠田公的债，哪会有田公欠田仔的啊！"一句话引起一阵哄笑。

彭湃继续说："为什么会这样，大家想过没有！"

人群再次安静下来，债务人人有，大家只是苦，但是从来没有人想，为什么苦，大家有时也会埋怨几句，但是都说命不好，不能生在田公家。至于，田仔为啥要受穷，为啥要欠债，还真没有人仔细地想过。今天听彭湃这么一问，都陷入了沉默当中。大家直起耳朵，瞪大眼睛，等着彭湃继续往下说。

彭湃见大家沉默，又向大家走近了一步，说："好，那我今天就给大家算一算账，看看大家这个账究竟欠在了什么地方。你们想想，一个佃农租地主家的地，一顷田，每年收谷子约有三十石——"众人听彭湃说，纷纷点头，议论着这个数儿还得赶上好年景。彭湃顿了一下，接着说："但是，一半的收成要交给地主当租金，还剩多少，十五石，换成银元九十元。扣除种子和耕种的开销一年大约是四十多，剩下四十多，还要吃饭啊，每天按一角五算，一年也得五十多块……"大家听彭湃说着，不由自主地往前走了走，人群围拢得更紧了，一边听一边点头，心里盘算着自家的光景，与彭湃说的一般无二。彭湃扫视众人，看大家都听进去了，又问："那大家算算，这样一算，大家能不亏吗？辛辛苦苦生病不买药，天寒不添衣，一年到头就要净亏十几块！"

彭湃的话音刚落地，人群就炸开了，大家不住地点头，脸上尽是悲伤的表情。从前大家只是受苦，但是从不知苦从何来，沉默的嘴里终于发出了感叹："怪不得越过越穷！""哎呀，正是这么回事！""这日子过下去，只有死路一条！"彭湃再次发问："那么，大家想不想继续过这样的日子？"人群中爆发出统一的声音："不想！""旧日子不想过了，那新日子有没有？"众人再次陷入沉默，上百双眼睛都盯着彭湃。"有！"彭湃坚定地说，"让地主把佃租降下来！"这句话就像颗无声的炸弹，窒息了周围的空气。好一会儿，才有人小声地说："让地主减租，这谁敢啊？地主不给咱们加租就谢天谢地了。"听有人说话，马上有人附和："自古都是地主涨租子，从未听说减租子的，田公还能听一个田仔的？"

"对，这位兄弟说得对！"彭湃适时地接过话茬儿，他说，"田公有钱有势，有政府做靠山，怎么能听一个田仔的呢？但是，大家有没有想过，就拿我们海丰来说，是田公多，还是田仔多？"人群再次议论起来，大家七嘴八舌，说当然是田仔多。彭湃点点头，又接着说："大家想想，我们一个农民的话地主不听，要是我们一百个、一千个团结起来，地主还敢不敢不听？只要大家齐心协力，团结起来，地主们还敢低估我们的力量吗，到那时，地租会减，天下为公，大家说好不好！"

农民们从来没有这么想过问题，大家听得将信将疑，有一位出来打哈哈说："我就是种你们彭家的地呀，你说得这么好，不如先给我减减租子吧。"说着就嘻嘻地笑了起来。

还没等彭湃回答，人群中有个年轻人已经答话："这位大哥说的是什么话？彭先生刚才已经说了，大家要团结才有力量，像你说的，就想着一家一户的得利，还团结什么哟，还怎么和地主们斗哟？"

"这位大哥说得好啊！"彭湃听了这话，立刻喜出望外，他要找的就是这种有觉悟的人。他简单地总结了一下今天讲的内容，号召大家团结一致，最后靠到那位青年农民身边，问："这位大哥，你讲得好啊，你叫什么名字？能不能到我家里来，我们仔细聊聊。"

这个青年农民模样朴实憨厚，他点点头说："我叫张妈安。"

"好，好，那今晚你来，最好再叫上几个和你有一般见识的好兄弟，咱们好好聊聊！"

张妈安点头答应，随着人群散去了。果然到了晚上，张妈安带着4个青年来到了彭湃家，彭湃和他们一一见面，大家自报家门，他们分别是林焕、李老四、林沛和李思贤。彭湃非常热情地招呼各位坐下，素屏也忙活着为这些访客们沏茶倒水。大家很快就熟络起来，年轻人好交流，开始他们还有些拘谨叫彭先生，后来在彭湃的坚持下，大家都改口叫他彭大哥了。彭湃热情洋溢地向他们讲述农村的问题，农民生活困苦的源头，接着又讲如何组织团结农民，如何开展斗争。大家听得都很认真，很激动，他们从来没有想过，一个地主家里出身的少爷，能够这么实在地为农民的生活着想。他们问彭湃，为什么放着好好的少爷生活不过，要和他们这帮穷光蛋混在一起，甚至带着他们反对自己的家庭。

彭湃先是沉默了一下，然后开始沉痛地给他们讲述现在中国的形势，正是因为几千年中国制度上的积弊，才造成今天中国充满压迫、腐朽落后的局面，如果现在人们还是只想着自己的家庭，自己的富贵，那么中国就将走向灭亡。而救中国，靠不得兵，靠不得官，要靠最广大的民众，要靠穷苦人团结穷苦人，推翻少数人对多数人的统治，建立一个人人平等、人人温饱的理想社会，就像苏维埃。大家嘿嘿一笑，说："彭大哥，你的意思大家懂，但是你讲的有些话，咱们还是听不太明白，我们只想知道，要建一个你说的那种社会，现在应该怎么做呢，就我们五六个人，能做点儿什么？"

"要成立我们自己的组织啊，成立农会，团结所有能够团结的农民，攥成拳头跟田公们斗，跟官府斗。"彭湃说。

"那怕是不行吧，"李思贤犹豫起来，"官府知道我们穷田仔有组织，不得抓我们去坐牢啊？"

"怕什么，山歌里唱得好：砍头只当风吹帽，咱连死都不怕，还怕坐牢吗？"林沛说。

"对呀，"李老四接住话茬儿说，"照咱们这个日子的过法，不被官府抓了，也得被田公累死，哪有个生活的盼头？反正都是个死呗，不如斗他一斗！"

"老四说得对，我们要干大事，就是要不怕死，都穷了几辈子了，总是前怕狼后怕虎，不被打死，也要被吓死，吓不死，也得穷死，我算看透了，现在就是个欺负老实人的世道，不想让老实人受穷，老实人就得拧成一股绳，斗官府，斗天公！"张妈安的话说得最富激情，彭湃知道，这应该是个斗争信念最坚定、斗争意识最彻底的穷汉子，他要找的就是这样的人。

彭湃一拍而起，说了声："张兄弟说得对呀，咱们穷人穷惯了，觉得咱们就应该受穷，田公就应该享福，天底下哪有这样的理？官府和田公们欺负我们欺负惯了，觉得我们就应该被他们欺负，天底下同样没有这样的理。今天我们就要成立自己的组织，让更多的穷人不受穷，让更多的老实人不受欺负，大家说好不好？"

应和的声音发自他们的心底，这些几辈子受穷、受欺负的农家汉心底的热情、对生活的热望被彭湃给唤醒了，他们知道自己要过一种和祖祖辈辈不同的生活，彭湃就是他们生活的领路人。他们紧张而激动，人人压低了声音，但却说着形同炸雷的话：

第一，服从指挥，虎口拔牙，下海捉蛟，也要去，有任务一定要完成；

第二，革命要钱，不讲回报，不替有钱人做事；

第三，严格保守组织的秘密，就是对自己的父母、妻子、孩子也不能泄露组织的秘密，一旦不幸被捕，不能出卖自己的同志。

彭湃说一句，他们跟着说一句，一字一句，简单而坚定。等大家说完了，张妈安问："彭先生，咱们这个组织叫什么名字呢？"

彭湃说："农会，咱们的组织叫农会，是一个专门为咱们贫苦的农民组织的协会，急农民之所急，苦农民之所苦，是一个专门为农民挣生活、讲道理的地方。"

"好，好啊！"大家争相称赞，随着彭湃伸出手，几只大手握在了一起。彭湃的地主家庭出生，习惯了握笔杆子的手，在这几只拿惯了锄头的粗粝手中，第一次真切地体会到农民身上那种困苦磨练出来的力量。他要握住这些手，握住更多的手，握住这一只只饱含着农民热度的手掌；他要带领他们开拓自己的生活，一种新的生活。"六人农会"，就是这种生活的起点。一颗星火在此刻终于变成了一簇火焰，这一天，是1922年7月29日，中国的农民运动的大幕，即将从这里拉开。

4

六人农会在彭湃的家——"得趣书室"成立了，这是一个新的开端，不仅是彭湃自己在事业上的新开端，更重要的是，彭湃的思想进入了现实实践的阶段，他的思想终于和自己家乡的土地、自己家乡的农民结合了起来。思想，只有在坚实厚重的泥土中才能扎根、开花，最终产生现实的果实。这一点，彭湃坚信不疑。

送走了张妈安、林沛等5人，彭湃的心情还是久久不能平复，他知道这一天太重要了，这将是中国农民真正觉醒的一天，新天地立定根基的一天。六人农会将是一团火，点燃更广阔的原野，照亮更广阔的生活。种种激情在他的胸中激荡，但现实的问题是，如何让农会如星星之火形成烈火燎原之势，迅速扩大呢？他心里暗自思量，要把六人农会迅速扩大成赤山约农会，这样才能让农会获得真正的现实的力量。通过与农民这么长时间的相处，彭湃理解到，与农民打交道，只有一腔热情、高深的理论是不行的，还要做具体的事情，让农民从你的具体作为中去体会、去领悟。通过具体的作为，让更广大农民看到农会并不是什么歪门邪道的教门组织，而是真心实意为农民做事的农民组织。这个想法很快有了实现的机会。

在当时的海丰有个非常糟糕的习俗，就是谁家的老人故去了，就要摆酒宴请同村的乡亲。几百年流传下来，本来是给予同情共寄哀思的丧事，竟变成了大家打牙祭的宴会，这就让丧事变了味道。富裕的家庭尚可承受，而很多本来就穷苦的人家竟要因此举债，很多家庭因此破产，一个老人去世，竟成了子孙后代无力承受的重负。彭湃决定农会就由此入手，移风易俗，让农民兄弟真切地体会到农会的性质和农会的力量。

赤山约的贫农李毓父亲病逝，丧父的悲哀和无力承担宴请开销的双重压力，让这个本就抬不起头来的汉子，更加愁苦不堪。彭湃得知之后，马上在农会中成立了一个济丧会，也叫父母会，对外宣称，凡是加入的乡亲，丧事一律由农会办理，并且亲自带着会员来到了李毓的家中。愁眉不展的李毓看到彭湃开始不解其意，当彭湃说明来意后，李毓终于长长出了一口气，多日郁结在胸的痛苦，才稍稍舒缓。之后，农会在彭湃的主持下运转起来，凡是入会人员每人出两角钱，帮助李毓安排父亲的安葬，并且组织哀悼会，而吃吃喝喝一律免除。这样一场葬礼节俭、庄重，在农会的组织下有序地完成了。事后，彭湃又自己拿出10元钱，帮助李毓贴补家用。为此，彭湃还专门写了一支歌谣：

> 无道理，无道理，
> 死了一个人，
> 吃饱通乡里。
>
> 太不该，太不该，
> 地主来讨债，
> 孝子哭哀哀！
>
> 真可恼，真可恼，
> 生做个穷人，
> 死不如只狗。
>
> 莫烦恼，莫烦恼，
> 大家合起来，
> 打倒地主佬！
>
> 打倒地主分田地，
> 千家兴，
> 万家好。

这样的歌谣非常符合农民乡间传唱的风格，同时又说出了很多农民的心声，不多时间，歌谣就在海丰农村的田间地头、大街小巷传唱开了。最重要的是，人们从这次既简朴又庄重的葬礼中，看到农会是真心为农民办实事的组织，再加上刚刚入会的李毓热情地奔走宣传，到处现身说法，农会的好处很快传遍了十里八乡。那些对农会抱有怀疑态度的农民开始坚定了自己对农会的看法；那些一直持观望态度的人，毅然决然地走进了农会。为了扩大影响，符合农民对思想的接受习惯，除了在具体事例上做宣传外，彭湃还会运用多种农民喜闻乐见的形式来进行革命宣传。比如，他有时会当一把变戏法的大师。

一到了赶圩的时候，他就把一些农会会员聚集起来，围拢一个圈子，看他口中念念有词，在地上排摆桌案。他先倒一杯清水，再往清水中点一点，清水就变成了墨色，接着，又一点，墨色又变成红色，人们正在惊讶之中，他又两手一拍，啪的一声，红色的水中竟然变出两条活蹦乱跳的金鱼。大家看得呆了，接着齐声鼓掌叫好。而彭湃的表演还不算完，等掌声停歇，他大声问在场的观众，大家知道这是怎么回事儿吗？

在场的人登时惊讶万分，纷纷追问。

彭湃清清嗓子，开始了自己的讲解，他说："农民兄弟们，你们看，这杯清水，就是我们祖宗本来的生活，那时候，没有剥削，没有压迫，人不分田仔田公，天下为公，是个清白的世界。但是，有人巧取豪夺，私欲膨胀，于是我们的生活变得黑暗了，人分三六九等，不平等的社会就是黑暗的社会。接着，共产主义出现了，它首先在俄国取得成功，建立了苏维埃，那是一个红色的世界，劳苦大众团结一致，推翻了皇帝老子的统治，推翻了压迫人、剥削人的阶级，工农翻身做了主人，一个新世界出现了。在这个世界里，有两条鱼，一条是农民阶级，一条是工人阶级，而农会、工会就是水，只有在水中，工农才能大翻身，才能得胜利，过上欢腾的好日子！"

他的演说生动形象，浅显的语言瞬间打动了农民沉寂了上千年的心，最重要的是，让他们知道了生活本不该如此，也可以不依然如此，反抗的意识慢慢植入农民的心中，而农会就是组织大众起来反抗强暴、过上新生活的新生力量。于是，思想像电流一样，在海丰传开了，农民们的生活开始有了变化，他们的言谈中愿意提农会，遇到事情愿意找农会，农会的组织也从最初的6个人，一跃而成200多人，接着是500多人，眼看一星火变作了一团火。

时机已经成熟，1922年10月25日这天，赤山约28个乡一起轰动了。这天并不是赶圩，也不是什么节日，但是大家喜气洋洋、旗帜鲜明地聚拢到龙山的天后宫前。时间到了，热闹的人群肃静下来，大家在等着一个重要的消息。这时彭湃走到人前，用洪亮的声音宣布：赤山约农会，今天成立了！

人群中欢呼的声浪，一阵高过一阵，所有的会员都拿到了一个精心准备的会员证，上边写着："不劳动，不得食。宜同心，宜协力。"手里拿着会员证，人们激动的心情可想而知，他们很多人不认识字，但是依然觉得这几个字在熠熠生辉。这些字也成了他们一生中最早认识的字，这些字是标志，也是宣言，它昭示着一个新的时代的开始，那种农民任人宰割的时代一去不复返了，那种农民劳动受人唾弃的岁月，一去不复返了。

5

赤山约农会成立后，陆陆续续有农民加入，人们粗粗地估算了一下，入会平均达到每天十人。年底，参城、新围、仙草径、激石溪、黄牛寮、黄枝塘、硬土、黄塘……周边的乡村陆续成立农会。这样的进展让彭湃备感欣慰，但是一从赤山约回到家中，彭湃就走进了一个完全不同的世界。"我家里的人听说我要做农民运动，除了三兄五弟不置可否外，其余男女老幼都是恨我入骨，我的大哥差不多要杀我而甘心。"这是彭湃在给友人的一封信中提到的，从这段话中，我们不难体会当时彭湃在家庭中的处境。家族中的很多人，都把他当作家庭的叛徒，不理解，不支持，甚至欲除之而后快。这并不难理解，一个地主家的少爷，曾经的政府官员，放着安生的日子不过，抛弃荣华富贵，却一头扎进他们家族的对立面，鼓动农民来反对自己本来属于的阶级，这是不是中了邪，又或是有一种什么神秘的力量，迷惑了这个年轻人的心呢？而更让他们不懂的是，彭湃对众人的反对毫不退缩，反而在自己选择的道路上越走越远，越走越坚定。

　　"分家，如果再不守规矩，就把他分出去！"这是大哥彭锦的声音，他已经不知道带着众兄弟来彭湃的屋中闹过多少次。他见彭湃仍无悔意，今天，终于使出了他的撒手锏——分家。他的话一出口，在场的人都静了下来，人们只听到素屏嘤嘤嗡嗡的哭声，她已经被彭家的兄弟逼到了屋子的角落里，除了哭，说不出别的话。恰在此时，彭湃回来了。他刚刚在赤山约农会做完演讲，脑海里还翻腾着农民面对新生活的热情。他在自己的屋外站了一会儿，看这群人今天的这出闹剧又要如何。听到大哥说出这样的话，他平静地走进屋子，众人见他回来，纷纷避开，彭锦也有点儿尴尬。

　　彭湃走到妻子旁，轻轻地拍拍妻子的肩膀，对大哥说："您刚才说分家吗？"还没等彭锦回答，彭湃接着说，"那就分吧。"他的态度非常平静，淡淡的一句话，让在场的人无不惊骇。谁也想不到，彭湃竟然这么容易地接受了分家，这在当时是很难想象的。因为在旧中国，中国人的生活习惯是聚族而居，人们不管是在感情上，还是在财富上，总是喜欢聚少成多。一个大家庭，就是一种无形的力量和保障。穷人家尚且如此，富贵家庭就更是如此，他们聚合财富，凝聚势力，一个大家族就是一个地方重大势力，家族越大，力量也就越大，而所有被分离出来的人，不仅是没有了家族的庇护，甚至会成为不见容于整个社会的孤雁。于是，很多人都为他感到惋惜，人们纷纷指责他，难道是疯了吗，这么轻易就答应分家。

　　彭湃平静地笑笑，说："我并没有疯，当然，这让你们理解不容易。我的理想和信仰，让我无法再过各位兄弟这样的日子，你们可以守着自己的产业，守着自己的荣华过活，但是我不能。我的信仰告诉我，一个人不能为自己的幸福而活，而是为一个平等、自由的世界而活，为更多人的幸福而活。这的确不是一件容易理解的事情，尤其在我们这样的家庭里，所以，我觉得与其大家势同水火勉强维持在一起，还不如分开，这样大家都好过一点儿。"

　　大哥彭锦听彭湃这么说，心里也不是滋味，他低声说："老四啊，你想想，爷爷从小就最器重你，最宠爱你，希望你能为彭家光宗耀祖啊。你菩萨心肠，希望为田仔们多做点儿好事，这家里人都能够理解，我们也没有说什么。但是你千不该，万不该，不该组织田仔来反对我们自己呀，这不是给别人拿刀往自己脖子上割吗！你不傻不疯，这这……让我这个做大哥的，也跟着你没法做人啊！"听彭银这么说，其他的兄弟也都点头称是，他们用同情的眼睛看着彭湃，诚心希望彭湃能够回心转意，毕竟是一家人，离散总是不好。

彭湃却出奇地平静，虽然兄弟们不理解他的信仰，但是他理解兄弟们的感情。他说："大哥，各位兄长弟弟，我并不疯，但是你们应该知道，现在的中国已经千疮百孔，危机四伏。如果每个人还只是仅仅抱着自己的生活不放，还是只能看到自己眼前的那一点儿利益，而罔顾国家，罔顾社会，这个国家就完了。国若不国，何以为家？而现在能够拯救中国的唯有发动最广大的农民，反对剥削，反对压迫，推翻压在农民身上的一切，让他们做自己的主人，摆脱旧世界，创造新世界。如果怀有这样理想的人在你们的眼里是疯子，那这样的疯子，我希望能越多越好；这样的疯子多了，中国就有救了。"

彭银见状，顿足捶胸，愤恨地说："那你就要你的信仰，要你的理想吧，你不要这个家，这个家也不要你，分家，分——"他一挥手，头也不回地走了，其他的众位兄弟也都叹着气走出了彭湃的屋门。望着他们的背影，彭湃知道，自己与这个家庭彻底决裂了。

带着这份永远走出家门的对信仰的执着，彭湃再次来到了赤山约，这次他还带着一件东西。在海丰，太多的人把它视为命脉，而彭湃却要弃之如粪土。这一回，他不仅要走出自己的家庭，也要彻彻底底脱离自己的阶层，塑造一个全新的自己。不久，农会发出了一条消息，彭湃要在海丰龙蛇埔唱一出大戏，是千百年来，从来没有人唱过的戏。消息通过农会组织发布出去，人们奔走相告，都想一睹这出大戏的风采。到了约好的日子，台下人头攒动，好奇、兴奋的情绪在人群中传染，他们都盼望着这个海丰的奇人，给人们带来的新奇事儿。

大戏终于开场。

没有锣没有鼓没有戏装，彭湃独自一人走上了高台中央，手里拿着一沓纸。人们鸦雀无声，看着，等着。彭湃往下看看，说："农友兄弟们，今天我要给大家变一个大戏法！"下边开始有人应和："彭会长，您今天给我们变点儿啥啊？"彭湃往台下看看，平静地笑笑，朗声说："我这个戏法儿，要给你们变一种新的生活！"人们都愣住了，人们知道，以前变戏法儿的变个金鱼，变个兔子、鸽子，什么叫新的生活？所有人的目光都聚焦到彭湃的身上，等他往下说。

"大家看，我手里拿的这是什么？"彭湃把手里的那一沓纸，展开给大家看，台下眼睛尖的看了出来，立即惊呼："呀，田契，是田契啊！"一时间，"田契，田契"的议论声导电一样，让人群震动。这是很多农家几辈子盼望的事情啊，谁要是手里能拿上一张田契，有个三分两亩的，就是上几辈子积德行善了。这可是一沓田契啊，普通的农民谁见过这么多田契呢，这无异于一座金山摆在眼前。农民中有与彭湃相熟的，就问他："彭会长，您拿着田契要干啥？"

彭湃没有正面回答，而是反问："大家说是田契，说对了，就是田契，而且，这是我彭湃的田契。就因为有这么一张纸，人就有了田公田仔的区别。一张纸，这不仅仅是一张纸，而是天下不公的明证。就因为有这么一张纸，各位就要常年辛苦劳碌，衣不蔽体，食不果腹，而我就可以吃香的，喝辣的，高枕无忧。大家说，这样公平吗！"

"不公平，不公平！"人群在彭湃的追问下激动起来。等人们的情绪稍有平复，彭湃就接着说："不公平，确实不公平，而今天，我就要结束这种不公平。"说完，他开始大声念出田契上的名字和地号，每个人听到他念到自己的名字，就像被炸雷惊醒一般，整个身体都在颤动，手心开始渗出细汗，他们虽然还不知道会发生什么，但是直觉告诉他们，从今以后，他们将过上完全不同的生活。彭湃一字一顿，念完了。他又扫视了一眼台下，慢慢从口袋中掏出一盒火柴，刺啦一声，火光点燃了每个人的眼睛，接着田契烧着了，一团大火在人们面前腾起，所有的人都屏住了呼吸，这团火彻底点燃了他们对生活的热望，他们看着自己几辈子受苦受穷的生活一点点化为灰烬。火还在升腾，彭湃看着跳动的火光，对大家说："农友们，从此以后，这些田就归耕种者啦！"

雷鸣的掌声，激动的眼泪，火就跳跃在一颗颗热泪中。随着田契焚烧完毕，灰烬随风飘去，一种新的生活就在眼前了。

彭湃的大义迅速在海丰传开，风闻此事的地主有的气，有的恨，有的怕，但是所有的农民知道，这位彭会长和他建立的农会，是真正的大仁大义，是真正地为农民生活着想，跟着他，就是跟随一种新的生活。从此之后，彭湃走到哪里，哪里就聚起人群，聚起希望。农会的加入者当然越来越多，彭湃从彭会长，变作了他们口中的"彭菩萨"。

彭湃见时机已经成熟，因势利导，在1923年元旦成立海丰县总农会。农会会员达2万户，人口约10万人，占全县总人口的四分之一。大家选举彭湃为会长，彭湃为海丰总农会起草了《临时简章》。

在农会成立的现场，彭湃再次发表了热情洋溢的讲话，最后他问在场的农民："农友们，你们说，怎样做中国才能不惧列强，才能天下太平？"有人带头嚷起来："要想天下太平，就让我们的彭会长做皇帝！"话音刚落，人群中就爆发出热烈的响应。彭湃摇摇头笑了，他知道在农民们心中，还残存着浓重的封建落后的思想，他们虽然渴望拥有自己的土地，拥有自己的权利，但是他们不明白，权利需要自己去争取，而不是谁的赏赐，谁的恩泽，这是几千年中国封建制度积弊在每个人身心留下的创伤，不是一时一刻能够完全消解的。他耐心地开导，最后说："天下太平就是要天下为公，人人有田耕，人人有衣穿。那么，那些田公能不能心甘情愿把田给我们种呢？"人们纷纷摇头，说着哪能都有彭会长这样的菩萨心肠呢。彭湃见状，接着说："所以，我们要有田耕，就要团结起来，自己去争取。我们拜天拜地拜神仙，有哪个神仙给我们田吗？"大家回答："没有！""我们拜官拜田公拜皇帝，有哪个官、哪个皇帝给我们田吗？""没有！"彭湃的声音一次比一次大，人群的呼声也一次比一次高。彭湃仿佛站到了人群呼喊的最高峰，他大声疾呼："那我们靠什么！""靠自己，靠自己！"开始是犹犹豫豫的一些零散的声音，后来成为一片，农民这个几千年处在中国社会最底层的人群，终于发出了靠自己的呼喊。

这不是又一次封建王朝改朝换代的农民起义，他们团结起来，第一次不是为了哪个人的私利，而是为了所有人的利益，为了一个全新的社会理想。而彭湃就是这种理想的领路人，他正体会着农民身上那种压抑已久的、排山倒海的力量。

6

农会成为了农民生活的中心，海丰的农民第一次体会到集体的温暖和力量。在农会的主张下，多项农民的负担被废除，农民，这个软弱无力的松散的个体，突然在海丰成为一股能够与地主恶霸们对抗的力量。这让那些习惯了欺压良善、作威作福的地主恶霸感到震惊。他们当然希望还能够回到肆意妄为的日子，朱墨就是这种力量的代表。

朱墨是海丰有名的大地主，除了租地、放贷，手底下还豢养着一群恶奴，是典型的地主恶霸。在他的认识中，从来就是田公说了算，佃户要交多少租子，要交多少捐，全凭他的一张嘴。但是这次他碰了钉子。

有个佃户叫余坤，朱家的家丁到他家去收捐，被派去的家丁还是吆五喝六，张牙舞爪，但是余坤却没有像从前那样唯唯诺诺，而是非常坚定地说："这种捐，我以后不交了，农会已经严令禁止再征这种捐。"家丁从前可没遇到过这样的事情，气急败坏地叫嚷："什么农会，他妈的，我们这里是朱老爷说了算，朱老爷让你交，你就得交！"

"你说的是以前，"面对家丁叫嚷，余坤不慌不忙，等他们不叫了，不嚷了，他接着说，"现在我们听农会的，农会规定我们怎么交，我们就怎么交，农会让我们交什么，我们就交什么。"

朱家的家丁有点儿蒙了，但是见从前那么软弱的余坤今天是如此镇定，也知道事情没有那么简单，他不敢造次，只得狠狠地瞪了余坤几眼，跑回去给主子报信了。朱墨听完家丁的报告，当然是暴跳如雷，一阵风似的带了一班打手由那个家丁领着来到余坤家。他们见到余坤，朱墨一挥手，几名打手不由分说，披头就打。朱墨在旁边看着，冷冷地说："打，给我往死里打，我看你还反了天。不交捐，好啊，租子再给我加两成。我就是要让你这样的穷光蛋知道，在海丰到底是谁说了算！"

恰在此时，附近的一些农民跑了过来，他们大声喝止，上前推开朱墨的打手，把余坤扶了起来。其中一个农民大声对朱墨说："光天化日之下，你们就敢打人，还有没有王法！"朱墨惊呆了，他奇怪了，以前也发生过这样的事情，田仔们要不是远远地绕着走，就是沉默地看着，从来没有人敢说这样的话。但是，看到眼前的这几个农民，一个个紧攥着拳头，眼里火一样的目光，他有点儿拿不定主意了，打手们也都垂下手，试探性地看着他，一个个露出胆怯的神色。朱墨退了两步，虚张声势地说："好，今天就饶了你，咱们衙门见。到时候，哼，保你们跪地求饶，蹲大狱。"说完一挥手，带着几个打手灰溜溜地走了。但是他留下的一句话，却把这些天生老实本分的农民们吓得不轻，他们几辈子都是任人欺凌的，从来不敢违背地主的意思，现在他们违抗了地主，又惹上了官府，接下来会怎么样呢？其中一个农民说，不要怕，咱们占理，还有农会，还有彭会长呢。于是，几个人找彭湃来商量此事。

彭湃了解情况之后，稍微思考了一下，对余坤等几个人说："不要怕，我们和他打这个官司，而且这个官司，我们能打赢。"

余坤还是不放心，说："自古是衙门口朝南开呀，当官的都向着有钱人，我们怎么可能赢得了他们呢？"

彭湃见余坤如此紧张，耐心地给他解释："现在的时代不同了，官府也要讲证据，不能随随便便偏袒一方，只要我们有理有据，就谁也不怕。"听彭湃这么说，余坤心里总算安稳了一些。

接下来，朱墨以抗租为名，收回了租给余坤的两亩田，一纸传票又递到了余坤手里。没想到朱墨恶人先告状。拿到传票，余坤当然是六神无主，他赶忙再次找彭湃商议。彭湃笑着对他说："自古衙门认钱不认理，那是因为我们农民自古以来就是弱势，势单力孤，但是今天，我们团结起来了，你明天上法庭，你身后是农会，是众多的农民兄弟，我料法庭不敢胡来。"彭湃的一番话像一粒定心丸，让余坤安安稳稳地站到了法庭之上。

法官说出了朱墨的指控，随着法官的言语，朱墨瞪着余坤，傲慢而凶狠，他的心里边想这么个没见过世面的土包子，不要说打官司，就这个阵势也把他吓傻了。但余坤的表现却让他大为震惊，他当面反驳，并且有条有理，说明因为朱墨滥加捐收，自己无法承担，所以朱墨收回了自己租种的两亩田，自己并没有什么不对；朱墨逞凶伤人，现在又诬告好人，纯粹是恶人先告状。

见余坤不承认，法官转过来问朱墨："你可有余坤贪墨你田亩的证据吗？"

朱墨被问得目瞪口呆，但他开始胡搅蛮缠了，反问："法官大人啊，他说没贪我的田，他有证据吗，谁能证明，啊？"他说着，恶狠狠地扫视法庭，最后把眼睛盯在了余坤的脸上。

"我有证据，"余坤全然不顾朱墨的逼视，大声说："黄泥塘农会可以为我证明，我已经把田地全部退给了朱墨。"接着，走进来几个农会的会员，原原本本地把他们听到、看到的事情一桩一件摆在庭上，这个变化让朱墨哑口无言。法庭当庭宣判，余坤无罪释放，但是对农会会员提到的朱墨打人一事也并未追究。听到法庭的宣判，余坤心中的石头终于落了地，他昂着头走出了法庭。田仔赢了官司，这个消息在海丰县瞬间传开，人们纷纷感叹，海丰不再是原来的海丰啦，农会的影响又得到进一步扩大。

输了官司的朱墨当然是窝了一肚子的火，他实在搞不明白，为什么短短时间，那些田仔就有了胆量，有了能耐。不过，他从中也明白了一点儿事情，组织很重要。田仔们有个农会就不怕田公，那田公们要是能有个组织，还了得吗？想到不如做到。但是他知道凭自己在海丰的影响力要组织一个能够抗衡农会的组织，显然不现实，于是他想到了一个人，彭湃的老对头——陈月波。他知道，不用说别的，就凭陈彭两人多年来的积怨，陈月波一定愿意成全他的想法。说干就干，他找到陈月波，一副巴结、可怜相说出自己的想法。这当然正中陈月波的下怀，他故作体谅地安慰了朱墨一阵，就交代他现身说法，联系海丰其他的地主，并由自己出面组织一个地主会。

一帮地主恶霸很快凑到了一起。酒菜上罢，陈月波先让朱墨把自己的事情再说一遍，接着怒不可遏地指责彭湃和他的农会煽动愚民，破坏祖制，把一切有的没的罪名往彭湃身上安，最后说："各位，咱们不能再这么看着彭湃领着这帮穷鬼们闹啦，要是再这样下去，今天抗捐，明天抗租，后天就得分了咱们的田，要了咱们的命啊。田仔不交租，这是天理难容的事；农民造反，这是政府不容的事。各位在海丰都是明理执事的人，这个时候一定要为祖宗守制，为政府分忧啊。所以，兄弟建议，成立粮业维持会，遏制农会，保证祖制不变，保证按时按量收粮收捐，让海丰政通人和，此为我等当仁不让之责任哪！"朱墨当然带头鼓掌，其他的地主也都点头赞同。在朱墨的怂恿下，众人一致推选陈月波为粮业维持会会长，与农会一较高下。

陈月波终于又有了和彭湃争斗的机会，他决定借此一雪前耻。粮业维持会成立第二天，他就带着一干人，闯到了法庭，直接找到法庭推事张泽浦。张泽浦知道这家伙在海丰财大势大，而且手眼通天，自然不敢怠慢，只得哼哼哈哈地应和。陈月波见张泽浦这副模样更加气势凌人，他把余坤案重新摆出来，严厉斥责张泽浦听信一面之词，颠倒黑白，还威胁说，如果不立即捉拿闹事的农民，就到上边告他伙同刁民，侵吞地产。陈月波越说越来劲，张泽浦越听越害怕，点头如捣蒜一般。最后，陈月波留下一句话，要么立刻捉拿闹事的刁民，要么你张泽浦就等着和那帮刁民一起下大狱。张泽浦深知这个陈月波和他们陈家的厉害，为了自己头上这顶乌纱，只好昧着良心，着人立刻逮捕余坤等6位那天在法庭上作证的农会会员。

这边余坤等人刚被投入监狱，那边彭湃已经得知了消息。他赶紧组织海丰农会召开全体会议，把事实利害给诸位与会人员讲得清清楚楚。大家知道，这是农会和反动势力的第一次交锋，事关重大，如果这次任由他们不问青红皂白打人抓人，农会的威信必然扫地，地主们将进一步维持以往对农民的压榨，甚至变本加厉地欺压农民。"怎么办？"大家齐声问彭湃。彭湃从位置上站了起来，坚定地说："斗争，团结起来，和他们斗争。要让他们知道，我们农民不再是任人宰割的羔羊了，我们有勇气，也有力量维护自己的权利。"

第二天，六七千名农会会员手持大刀长矛，木棍钉耙，浩浩荡荡向法庭开去。队伍声势浩大，整整齐齐，彭湃穿着一身农家的衣服，走在队伍的最前面。张泽浦很快得到了报告，他命令军警，荷枪实弹前去阻拦。但是几十名军警走到农民的队伍面前，一下就软了脚，有的赶紧跑回给张泽浦送信，有的干脆持枪站到了道路两旁，不像是来阻拦的，倒是像夹道欢迎的卫队了。农会队伍很快来到了法庭前，张泽浦不得不走到彭湃面前。被派出阻挡民众的军警看到长官来了，赶紧站到张泽浦的身后，张泽浦左右看看，明明心中怯懦，却做出一副盛气凌人的样子，打着官腔说："你们这是聚众闹事，目无法纪，要被法办的！"说完，他看看身后那几十条枪，军警一个个脸都吓得惨白，手不住地哆嗦。

听到他这么说，彭湃第一个走了上来，呵斥道："说我们目无法纪，那我问你，你勾结陈月波，不问青红皂白，就肆意抓人，难道就是奉公守法吗？"在彭湃的逼问下，张泽浦这这了半天，一句话也说不出来。彭湃接着说："你说我们聚众闹事，那好，我告诉你，我们不是聚众，而是代表，我们身后还有十万农民，我们今天就是代表他们来向你讨个公道，如果你仍然恣意妄为，就问问我们的农民兄弟，他们答应不答应！"说着，彭湃向身后一挥手，赤山约的农会会长黄凤麟第一个响应，高声说不答应，接着大队人马齐声大喊："不答应！不答应！"声浪滔天，如洪水纵横，张泽浦和他身后那些军警早就如水草一般，不要说对抗，就是站都站不稳了。

张泽浦看硬的不行，态度马上软下来，边擦汗，边鞠躬，请彭湃和几位代表进屋商量。彭湃见他已经不再打官腔，示意大家安静下来，鄙夷地对他说："那我就代表这十万民众，和你商量商量。"张泽浦见这么庞大的队伍在彭湃的指挥下动静自如，早就吓得面如土色，赶紧应承道："是是，商量商量，商量商量……"接着又转身对身边愣神的一名军警说："就知道傻站着，还不赶紧给彭会长和几位农会的朋友们备茶！"然后，赶紧弯腰闪在一旁，请彭湃进入他的办公室，彭湃笑了笑，带着黄凤麟和其他几位农会骨干从容地走了进去。

落座之后，彭湃向张泽浦提出三个条件：第一，马上释放余坤等无辜农民；第二，放人时要鸣炮欢送，吹吹打打把他们送出监狱；第三，推事要代表法庭向我们被抓的农民作出书面的道歉。听完彭湃的条件，张泽浦有点儿为难，他抓人是听了陈月波的威胁，如果就这么把人放了，那陈月波方面要如何解释呢？他想到这里，含含糊糊地说："人是要放的，不过，这法庭不是我陈某人的法庭，总要走个程序，多则十天，少则三五天，人一定送还……"还没等他说完，彭湃就站了起来，轻蔑地说："看来，在张推事的眼里，我们这几个人还是无法代表十万民众，那好，就让你和更多的代表谈谈！"他的声调由平静转而高亢，话音刚落，黄凤麟等其他几位代表也都霍地站起身来，张泽浦吓得魂不附体，赶紧赔罪说："彭会长息怒，诸位请坐，请坐，哎呀哎呀，都是我一时糊涂啊，听信陈月波的一面之词，人，马上就放，马上就放。我这里就当面向彭会长道歉，您看可好？"彭湃见他已经答应放人，也无意难为他，说了声："好，还望今后张推事好自为之。"然后领着黄凤麟等人从从容容离开。

不一会儿，锣鼓齐鸣，鞭炮炸响，几位被逮捕的农民被送了出来。外边的人们看到余坤等人，自然兴高采烈，队伍得胜返回，一路上高喊着农会万岁、农民万岁、打倒土豪劣绅等响亮的口号，开始海丰大游行，最后到海丰农会的总会场举行庆功大会。大会上所有的农会会员都非常高兴，这样的胜利是他们以前连想都不敢想的，现在真的成为了现实。最后，彭湃做总结讲话，他问在场的农会会员："大家说，余坤兄弟被释放，大家都很高兴，但是大家有没有想过，为什么以前我们农民祖祖辈辈都是受地主的剥削，受官府的压迫，从来都是农民怕官府，从未听说官府怕农民的，那今天，我们的胜利靠的是什么？"

听彭湃这么问，有的人说，靠农会，有的人说，靠彭会长你呀！大家哈哈地笑了起来，齐声说："对对，就是靠彭会长，靠彭会长！"

彭湃摆摆手说："大家说得都不对，我彭湃没有三头六臂，无权无势，他们怎会怕我呢？我告诉大家，他们怕的不是我，而是我身后的十万民众。只要我们农民团结起来，有了斗争的意识，有了斗争的力量，那种任人欺压的日子，就不会再回头了。所以，今后我们要更加坚定自己的意志，要更快地拓展我们农会的组织，把更多的农民团结到农会中来，用我们更大的力量，争取更大的权利，大家说对不对？"

响应的声音山呼海啸。从前人们加入农会主要是听彭湃的演讲，有些人是凭一腔热情，有些人是因为对生活极度失望，有些人是随大流，赶时髦，他们对农会的作为也是将信将疑，但是经过这次事件，这些农民真正理解了团结的力量，理解了自己身上的力量，这是他们从来没有在意过的。

有了一次斗争的胜利，就有了对未来的期待；有了期待，人们就有了奋斗的劲头。这回大家是真正地凝成了一股劲，希望能够获得更大的胜利，把田公欺负田仔的天扳过来，真的像彭湃所说的那样，不劳动，不得食，自己做自己的主人，大家做国家的主人。这个曾经渺若云烟的理想，已经开始在很多人心中扎下了根。

借着这次事件的影响，在彭湃和几位农会骨干卓越的组织和领导之下，农会的发展越来越好，真可谓步步新阶梯。1923年5月，海丰总农会扩展为惠州农民联合会；7月，惠州农民联合会又改组为广东省农会。

广东省农会设在海丰，彭湃被推选为执行委员长，并主持起草了《广东农会章程》。在彭湃的指导下，粤东地区的农会组织开始有了快速的发展，在潮州、在普宁、在惠来，各地都开始复制海丰农会发展的经验，以海丰农会为范式，建立起自己的农会，并且在海丰农会斗争取得胜利的感召下，农民运动风起云涌，而海丰就成了整个粤东农民运动的中心，彭湃则成为蓬勃浩荡的农民运动的核心领导者，他的生命从此进入了一个更为广阔的天地。

八、领导广宁农民运动

1

1923年夏天，巨大的台风袭击了海丰，万亩良田瞬间被海水淹没，农民们损失惨重。面对这样的灾情，彭湃带领的农会发出号召：三成交租。

就在彭湃等人筹划召开誓师大会的同时，县长王作新也聚集了一批当地的土豪劣绅，商讨如何破坏这次大会。面对手无寸铁的老百姓，他们竟然集合了当地警察和驻军武力围攻农会，逮捕农会骨干杨其珊等25人，并强制关闭农会。此次事件被称之为"五七"农潮。值此，农会受到破坏，不得已转入地下活动。斗争的局势越发复杂，此刻，彭湃意识到仅仅靠自己薄弱的力量难以撼动封建的土地制度这座大山，想要救中国农民于水火之中，必须团结起更多、更广大的农民力量。

1923年9月，彭湃致信中国社会主义青年团负责人施存统。在信中，他坚定地阐述："我从前是很深信无政府共产主义的，两年前才对马氏（马克思）发生信仰，年来的经验，马氏我益深信。"1924年4月，彭湃抵达广州，加入中国共产党，成为一名真正的共产主义战士。

1923年6月，中国共产党第三次全国代表大会确定，共产党员可以以个人身份加入中国国民党，与国民党建立统一战线，共同完成反帝反封建的民主革命任务。1924年，彭湃依照党组织的安排，开始担任国民党中央农民部秘书，负责组织领导农民运动的工作。

有一天，一位身材中等、精神矍铄的中年男人迎面走来，彭湃认出那就是孙中山。当时中国共产党之所以能够与国民党合作，就是因为孙中山提出的"联俄、联共，扶助农工"的新三民主义，而且从这个主张中可以看出，孙中山先生十分重视中国的农民问题。彭湃迎着孙中山先生走了过去，很尊敬地说："孙总理，您好。"孙中山先生似乎也早就知道彭湃这个人，他停下脚步，回答："彭秘书，您好。"

这是他们相识的开端，简单却重要。孙中山知道彭湃在海丰的农民斗争经验，他组织的农会早已享誉海内。后来，他曾经邀请彭湃就中国农民的问题做过深入的交谈，并且部署中国国民党农民部制定农民协会章程。在这个重要文件的起草过程中，彭湃对海丰总农会、惠州农民联合会、广东省农会的经验做了详细的总结，协助当时的农民部部长林伯渠同志制定了农民协会章程初稿，并且顺利获得了孙中山先生的批准。

在农民部工作的这段时间，彭湃直爽的性格得到大家的认可。6月，林部长生病，不能继续工作，只因看中彭湃的才华，所以将农民部的工作交给了他。在此期间，彭湃将一切管理得井井有条。

这一天，国民党中央执行委员会像往常一样照例召开。正当大家讨论热烈的时候，忽然有人拍案而起："彭湃，你的农民运动竟然运动到政府头上来了，广东各大学的经费来源一向都是靠收取农民的沙田附加捐，你这么搞下去，农民全要减租金，严重影响了我们的教育经费！"原来，与会人员讨论起中山大学的经费问题。因为目前全省都在进行农运，在此带动下，农民都开始要求减租，政府在教育口的收入来源一下子被切断了。彭湃也不甘示弱，立即反驳道："农民有正常的生活，减租亦是他们合理的要求，教育经费我们可以想办法从其他方面筹措。政府是人民的政府，在这件事情上应当做出榜样。"刚刚质问的人还不罢休，正要起身继续指责，却被孙中山拦下来。孙中山问："如果农民交不起租，何不另谋职业？"彭湃摇了摇头，叹了口气说："先生您有所不知，农民之依靠土地有如鱼之附水，水涸鱼枯，岂能另谋他窟！"此言一出，孙中山也沉默了，他似乎若有所思。与会的成员也无人应声，有人心里赞同，有人心里不服，甚至有人开始为彭湃担心。孙中山说的话大家从来都是赞同，哪里有人敢反驳。但是彭湃依旧坚持自己的原则与意见，他为农民寻找新生活的出路之决心始终没有改变。

2

1924年7月，孙中山领导的广州革命政府颁布《政府对于农民运动宣言》。在这一宣言中，明确表示要解除农民身上的种种压迫，要尽快组织农民协会，并且肯定这种协会为独立团体，农民协会对那些横征暴敛的官员，有请求罢免的特权。宣言还特别强调，为抵制土匪兵灾起见，农会在一定条件下有组织农民军的权利。这一章程的制定为日后彭湃乃至整个中国的农民运动提供了合法的保障，极大促进了农民运动的开展。

在此基础上，要推动农民运动的进一步开展，彭湃认为关键是要培养更多的农民运动人才，尤其是出众的组织人才。结合自己在海丰的经验，他向孙中山先生提出，应该开办农民运动的课堂，向更多的同志讲授农民运动的经验，以便今后更好地展开工作。

孙中山先生十分赞同他的意见，立刻命令组织成立了农民运动讲习所，并恳切地要求彭湃担任第一届农民运动讲习所主任。这在中国的农民运动中是一项十分重要的工作，也是彭湃为中国农民运动作出的又一杰出贡献。

在第一届讲习所学员毕业典礼上，孙中山先生应邀出席，发表了《耕者有其田》的重要演说，号召大家毕业以后，深入农村，发动农民；最后他总结说：

"我们解决的农民痛苦，归结是要耕者有其田。这个意思，就是要农民得到自己劳动的结果，要这种劳动的结果不令别人夺去了。现在农民自己只能分四成，地主得了六成。政府所抽的捐，都是由农民出的，不是由地主出的。像这种情形，是很不公平的。我们从前没有工夫做发现这种不公平的宣传，这回的宣传是第一次。诸君去实行宣传的人，居心要诚恳，服务要勤劳，要真是为农民谋幸福。要在最快的时间之内，用极好的联络方法，先把广东全省的农民都联络起来，同政府合作，才有办法。此时农民没有联络之先，便要暂时耐忍，将来才可以享幸福。要农民将来可以享幸福，便要诸君赶快去宣传联络。农民都联络了之后，我们的革命，才可以大成功。"

这篇讲话极大地肯定了农民运动的意义，把中国农民的运动看作是中国革命成功的一大促进因素，而彭湃则是这一运动最主要的推动者。在开班之初，孙中山看到有些学员竟然还穿着露脚趾的鞋子，很是感慨，他沉思片刻说："中国革命的成功，就从这里开始！"

1924年7月至1926年9月，广州农民运动讲习所轰轰烈烈地开展了六届，彭湃担任第一届、第五届主任，并在历届兼任教员。结合自己的斗争经历，彭湃系统地向农民们讲解斗争经验，他还提出了许多关于农民运动以及土地斗争的思想主张。为了让理论与实际更加紧密地结合，彭湃撰写了《海丰农民运动》一书，为农民运动提供更有力的理论武器。这部书由时任中共广东区委书记的陈延年审稿，周恩来题写书名，最后由广东农民协会出版。这部书的发表和出版，对当时全国正在开展的农民运动有着巨大的指导意义。

1926年5月，毛泽东在广州主办第六届农民运动讲习所，他将彭湃撰写的《海丰农民运动》列入《农民问题丛刊》中，在序言中这样写道：彭湃这篇著作及其他关于广东农民运动的材料，"乃本书最精粹部分"，"它给了我们做农民运动的方法"，"它又使我们懂得中国农民运动的性质"，因而规定为农讲所学员的必读教材。

3

1924年春，时任中共广东区委农民运动委员会委员的周其鉴开始与彭湃交流讨论中国农民运动的问题。周其鉴是广东省广宁县人，他和彭湃一样，有感于民众苦难，国家危亡，积极寻求救国之路。他早年在五四运动的感召下，在广东发动、组织、领导学生运动。1921年他加入中国共产党，成为中共早期党员之一。1923年，周其鉴以油业工会秘书的身份，在广州领导了油业工人要求增加工资的大罢工；他还到番禺、东莞等地组织、发动和领导油业工人反对资本家和工贼，在革命风暴中锻炼了他的果敢和勇气，也积累了大量与敌人斗争的经验。

1924年，他也和彭湃一样，以个人的身份加入国民党，并在同年以中央农民部特派员的身份回到故乡广宁组织农民减租运动。但是，这次到广宁，他遇到的困难比他想象中还要复杂，情形还要险恶。在当时的广宁，土豪劣绅的势力十分强大，多年来农民兄弟饱受欺凌，却无力反抗，终至忍耐、麻木。经过他多方奔走、演说，终于把部分有进步思想的群众发动起来，组织成立了广宁农会，革命的形势开始高涨。地主们见着这样的态势，恐慌了起来，他们甚至放出悬赏：谁杀死周其鉴，赏银元1000元。斗争起起伏伏，形势十分复杂。再加上国民党内部的右派势力在广宁占据优势地位，其县长李济源本来就是大地主家庭出身，在思想上有极强的保守反动色彩，面对农会和地主集团的冲突，他表面上秉公办事，但是暗中却勾结地主，处处与农会为难。这种内外交困的局面，让斗争更为严酷。在这样的情形下，周其鉴恳请中央派彭湃同志到广宁协办，调查李济源的反动行径。在多方努力下，李济源终于被撤职，调离广宁，蔡鹤鹏接任。眼看革命形势有所好转，因为油业工人运动的事情，周其鉴到广州汇报工作，就在周其鉴离开广宁的时候，6月10日，地主们对革命群众下手了。

反动势力突袭江屯农会筹办处，匪徒们疯狂毒打和逮捕农会筹办员，把财物、文件掳掠一空，带不走的东西统统捣毁。匪徒们还将农会的屋顶和后墙拆毁，把农会会旗撕成碎片，最后，一把火点燃了会所，广宁农会遭到严重破坏。斗争形势再次转入危急，周其鉴得知情况迅速向国民党中央做了汇报，控诉广宁发生的如此破坏农民依法集会结社自由的反革命行动，指出其罪恶实际比陈炯明摧残海丰农会更加严重。他恳请中央政府立刻通缉祸首，以尽快恢复农会；勒令罪首赔偿农会损失，并呼吁社会各界的声援。与此同时，他立刻动身返回广宁，在愤怒中开始重建广宁农会组织。

到了10月10日，广宁县农民协会正式成立。就在农会重新振奋起来之际，各地地主劣绅也召开"保产大会"，成立所谓的"业主维持会""业主军"与农协对抗。他们筹集巨款，购买枪械，招募民团，很快就组织起七八百人的反动武装，并且叫嚣"武装下乡，收取十足田租"，还扬言铲平农会。接下来的日子，"业主军"自恃武力，到处寻衅滋事，冲击农会组织，殴打农会会员，让农会遭受不少损失。但身为国民党县长的蔡鹤鹏对此却睁一只眼闭一只眼，甚至有意包庇放纵。经过几次斗争，周其鉴深知，单靠自己和广宁农会，很难在广宁减租斗争中取得决定性胜利，于是他向中央请求支援。这年11月，彭湃受国民党中央农民部委派，再次来到广宁，轰轰烈烈的广宁减租战由此真正进入了高潮。

4

彭湃来到广宁后，很快了解了情况。因为有上次广宁之行的经验，他与周其鉴同志协商，总结出打赢这次广宁减租战的四个关键点：

第一，继续发动农民群众，让更多的农民群众加入农会，懂得斗争的意义，并且从内心扭转农民种田就要交租、佃农自古听田主的传统观念。

第二，彭湃认为，地主的爪牙之所以敢这么肆无忌惮，主要就是县政府无所作为，县长蔡鹤鹏难辞其咎。

第三，广宁的农会组织受到不断的冲击，现在需要更为坚定的领导，要建立起更为坚定、有效的领导机构。

第四，要增强农会的武装力量，增加农民军的人数，改造农民军的装备；他深知，在当今的斗争中，仅靠口号和胸膛，是无法打赢这场斗争的。

主意拿定了，彭湃说干就干，他与周其鉴两人合力，开始组织中国共产党广宁支部，由周其鉴任党支部书记，并在周其鉴的介绍下，吸收了农民运动积极分子高玉山、詹庆等加入中国共产党。他们都富于斗争的经验和斗争的勇气，成为最坚定的领导者。同时，彭湃复制海丰的经验，开始发动群众。海丰的经验告诉他，要发动群众绝不能讲大道理，而是要用群众听得懂、愿意听的语言，来传播革命的思想，只有这样，革命思想才能深入人心，影响民众。

不久，一首歌谣开始在海宁的乡间地头传唱开来：

　　山歌一唱闹嚷嚷，
　　农民兄弟真凄凉！
　　早晨食碗番薯粥，
　　夜晚食碗番薯汤。

　　半饥半饱饿断肠，
　　住间厝仔无有梁。
　　搭起两间草寮屋，
　　七穿八漏透月光。

　　番薯粥、番薯汤，是当时农民最常见的吃食，厝仔是当地的方言，就是小屋子，一首歌谣虽然简单，但是无论是情感上、还是语言上都与当地的民情紧紧相连。它写出了农民几千年的苦痛，也唱出了农民几千年无人能唱出的委屈。有了委屈，人们就会问，为什么会有这样的委屈。只有意识到不平等，人们就会想，是什么、是谁造成了这样的不平等？于是，彭湃来到了田间地头、村场窄巷进行一场场演讲：

　　"农友们，兄弟们，咱们都是有名有姓，但是咱们看看这土地，谁听说过，它姓什么吗？有人巧取豪夺，把本属于全民的土地作为自己的私产，然后用一纸田契对我们农民剥削压迫。他们收租收捐，贪得无厌，把本来应该由地主交给国家的赋税又一项项压到我们农民头上。他们自己吃香的喝辣的，坐享其成，却要农民的生活苦上加苦，一年劳作不息，却食不果腹，衣不蔽体，这样公平吗？"

　　在场的农民被他的话所感染，齐声喊："不公平！"

　　彭湃接着说："那么，对他们的横征暴敛，肆意加租，我们还能不能听之任之，还能不能麻木忍耐？"

　　人群中爆发出震天的吼声："不能！"彭湃知道这是一个阶级对另一个阶级、一种生活对另一种生活的否定，今天它破土而出，明天定会长成参天巨树；巨树成林的那一天，就是新生活、新社会来临的那一天。

彭湃看到时机成熟，士气可鼓，就决定号召民众搞一次请愿，直接面对县长蔡鹤鹏。他知道这个蔡鹤鹏并非不可救药的反动派，实际上他的意志软弱摇摆，胆小怕事，又贪图便宜，愿意做个和事佬。他也因此曾经受到过时任广东省长廖仲恺先生的当面斥责。这样的人，只要给予足够的压力，就可以扭转他的态度。于是，彭湃带领500多名广宁各地的农友组成了请愿团，直接去见蔡鹤鹏。

蔡鹤鹏当然知道彭湃的身份，也知道彭湃在农民运动方面的厉害，但他此时也自信，这个广宁绝不是海丰，这里的地主势力比起农会来，更为强大，他们不只有钱、有田，而且有枪，并且与国民党的右派分子广有联系，单单大地主江汉英、江淮英兄弟俩就够彭湃喝一壶的，真到了撕破脸的时候，谁输谁赢，都未可知。所以，他要端起一个县太爷的架子，对眼前的局势，双方势力，不能轻易表态。对这群农民能唬一阵就唬一阵，能吓一回就吓一回。倒是对这个彭湃，得想法对付，千万不能让他抓到了什么把柄，真告到廖仲恺先生那里，自己也不好收场了。他打定主意，就例行公事一般，接见安抚农民代表，对彭湃则是不冷不热，让进了自己的办公室。

农民代表逐一而入，一个个向他抛出自己的问题："为什么不支持减租运动，反而包庇伤人凶犯？""农民的日子越来越苦，都快没米下锅了，地主们还要加租，你当县长的怎么全不可怜民众？"类似的问题、指责不一而足。蔡鹤鹏也是官场的老油条，他对着农民代表，打起了官腔，什么凡事要讲究制度啊，什么要维护社会的稳定啊，民生问题是大问题，但是民生问题不能当做聚众生事的理由啊，农民种地交租，天经地义，政府有义务维护民众私有财产的义务啊，等等，说得冠冕堂皇，其实都是陈词滥调。蔡鹤鹏看到他的一番言辞，虽然没有说服这些代表，总算是把眼前的指责都掩饰过去了，也煞是得意。但是他也注意到，这么半天，彭湃一言未发，而是冷静地听着，看着，时不时在自己的本子上写上几笔，不知道在记什么，更不知道他在打什么主意。农民代表们一一发问，又一一被他应付过去了，正当他要松一口气的时候，彭湃突然站了起来，不无嘲弄地说：

"蔡县长真是好口才啊，只是在蔡县长口若悬河之际，彭某有几个问题不明白，还想当面讨教。"

蔡鹤鹏一听，知道真正的麻烦来了，他干咳了两声，故作谦恭，说："彭专员客气了，蔡某有什么不妥的地方，还望您不吝赐教啊。"说着，皮笑肉不笑地盯着彭湃。

彭湃开始发问："第一，您刚才口口声声地说制度要维持，稳定要保护，那么我倒要请问，那些有碍于社会发展的制度要不要维护，那些压在农民大众身上的稳定要不要保护。孙中山先生领导国民革命，多少年来不畏艰辛，不避生死，无数先烈抛头颅洒热血，推翻清王朝，追寻三民主义，难道不是推翻了旧制度吗？按照您的意思，倒是中山先生错了，没有保护清王朝的稳定，没有保住那些达官显贵、地主豪绅的利益喽？"

一番话彭湃说得不紧不慢，但是听得蔡鹤鹏已经脑袋冒汗，张口结舌。他真没有想到，这个彭湃竟然一字一句地记着刚才自己说的话，真是搬起石头砸自己的脚啊。

他还没有来得及回答，彭湃又接着说："第二，您讲到，民生重要，但维护稳定更重要。那么我就要问了，中山先生倡导的三民主义，改善民生是其中的重大章程，也是我党全体同仁奋斗的根本目标，那么是这个写入了党章的根本目标重要呢，还是您所谓的稳定重要呢，您总不会为了所谓的权宜之计，而否认党的章程吧？"蔡鹤鹏知道今天自己是辩无可辩了，只是在那暗暗地叫苦。这时彭湃的态度突然严肃起来，厉声问道："你身为国民党党员、革命政府的县长，却干着阻挠革命、不顾民生、包庇凶手的事情，那么我要问了，你蔡县长当的是谁的县长，拿的是谁的薪俸，不会是那个江家的兄弟也给你开着一份薪俸吧？"

"这、这……"话说到这，逼得蔡鹤鹏不说话都不行了，但是有什么可说呢，他结巴了几声，只得求饶，说自己是绝对无意阻挠革命，包庇凶手，只是能力有限，断案不明，所以迟滞了对凶手的处理；而收受江家兄弟薪俸一事，更是矢口否认。

彭湃听完他的辩解，不禁哈哈大笑，爽朗地说："我也知道，蔡县长多年以来深受三民主义教育，中山先生器重，一定是支持革命的，那么就请您马上颁布命令，让那些地主解除武装，接受减租，交出伤人凶犯，其他方面只要拥护革命，我可既往不咎。"

蔡鹤鹏没有办法，只得接受彭湃的要求，起草了一份文件，当场宣布，要求地主解除武装，支持减租，并依法缉拿伤人的要犯。但是，这个蔡鹤鹏却担心此举触怒了地主们，尤其是江氏兄弟，他知道那可不是好对付的，于是他的态度是扭扭捏捏。开始的时候，在场的农民代表和县里的工作人员还能听清他说的是什么，后来就像在听一只蚊子无休无止的嗡嗡声。彭湃觉得好笑，干脆走过去，蔡鹤鹏小声嘀咕一句，彭湃就大声重复一句。彭湃的声音爽朗高亢，每每吓得蔡鹤鹏直哆嗦。农民代表见状也都笑得合不拢嘴，县政府的工作人员们看到自己摊上这么个长官，却是哭笑不得了。

一切都在彭湃的意料之中，蔡鹤鹏这块绊脚石算是搬掉了，大家得胜返回的路上都说说笑笑；但是彭湃知道，这离斗争最后的胜利还差得远。他与周其鉴一致认为，地主们既然组织了武力对抗农会，他们是绝对不会那么轻易放弃的，农会能否在这次减租运动中得胜，最后的关键，还是要看武力的强弱。

眼下的农会确实已经有一支农民军，它刚刚成立不久，人员数量虽然不少，但是武装程度实在是不敢恭维。主要的兵器是大刀长矛不说，甚至连大刀长矛也做不到人手一把，如果真要动起手来，估计大家只能拿着各家的锹镐锄耙。最重要的是，他们都没有经过专业的军事技能训练，临阵会怎么样，谁也说不清楚。所以，彭湃与周其鉴一致认为，这样的武装力量请愿、集会还可以，要和地主手下的武装较量，那一定是以卵击石。当务之急是向中央政府申请救兵，要对抗地主武装，让减租运动不半途而废，非要一支正规部队不可。

事不宜迟，彭湃向中共广东省委请示，要求联系廖仲恺派一支正规武装为减租运动保驾护航；而且他们知道，地主武装得知蔡鹤鹏的表态之后，难免狗急跳墙，如果正规军来迟了，后果可能不堪设想。

5

果然不出彭湃的所料，当以江氏兄弟为首的广宁地主势力得知蔡鹤鹏在彭湃的压力下发表公告之后，马上行动起来。他们知道这个骑墙县长是靠不住的，最终能解决问题的还得是手里的枪。于是，他们集合队伍，建立大本营，开始与农会正面冲突，耀武扬威，一副铲除农会活捉彭、周而后快的劲头。

恰在此时，廖仲恺先生派出徐成章的大元帅府铁甲车队80余人开到广宁。别看这支队伍只有80余人，但是它装备了当时苏联支援孙中山的一系列武器，最重要的是，这支队伍以共产党员和共青团员为主力，有信仰、有纪律，作战勇猛，而且和农民兄弟有天然的亲缘关系。后来这支队伍发展成北伐军中的叶挺独立团，直接参与了八一南昌起义，在长征最艰苦的岁月中飞夺泸定桥，强渡大渡河，最终发展成中国人民解放军中响当当的王牌军。

这支军队一到广宁就马上着手训练农民军，有了正规部队的帮助，军事技能、纪律养成、战术要领迅速让这支农民军焕发了新的生机，部队士气高涨，力量倍增。彭湃决定，主动向地主的"业主军"发起攻击。两边一交火，战斗就十分激烈，士气高涨的农民军战士做主力，当前锋，装甲车队压阵，那些地痞土匪为主力的业主军马上就顶不住了。一边是为信仰为生存而战，一边是为几块银元几顿酒肉而战，虽然地主们砸了大价钱招兵买马，买枪置炮，但结果还是业主军节节败退，最终退守到几个炮楼里边。

这是几座他们早就修筑好的武装工事，坚固异常，而且弹药、粮食储备充足。单就江氏炮楼而言，它有五层楼那么高，各个方向都有射击孔，可攻可守，设计得十分精巧，可见地主们为了对抗减租，顽抗到底，用心良苦。他们以江氏炮楼为中心，谭氏、黄氏等几座炮楼相互支撑，就形成了难以突破的交叉火力网，这让没有重武器，尚不具备攻坚能力的农民军无可奈何。最要命的是，这支农民军毕竟不是正规武装，一鼓作气乘胜追击尚有信心和勇气，一旦受挫，做长久的对峙，就显得焦躁、涣散了。而一旦农民军稍有松懈，业主军就趁机偷袭，并联络邻县的地主，对农民军家属进行报复，甚至残杀。一时间，战局陷入了让彭湃深感忧虑的僵局。

让彭湃欣慰的是，过不多久，廖仲恺得知了广宁的情况，又以"护卫农民，清除土恶"的名义，命令就近驻防的粤军第三师出兵一个营，支援农民军。得知这个消息后，彭湃、周其鉴、徐成章等农民军的领导人，当然十分兴奋，他们觉得僵持的战局终于可以破解了。但是，情形没有像他们预料的那样，反而变得更加复杂了。

原来，第三师派来了两个连130余人为农民军助战，而领兵的是一名副营长，叫做詹学新。这个人对于农民运动并不是特别感兴趣，甚至有点儿抵触，在他的思想中，农民种地交租那是天经地义的事情，不交却成了闹事。手眼通天的江氏兄弟就是看到了这一点，就百般巴结。当他得知粤军已经接近他的老巢潭布，就立即大宰猪羊，设宴款待，并且发给粤军的士兵每人两块银元，以收买三师官兵。他又恶人先告状，在詹学新面前说尽了农民军、农会以及彭湃、周其鉴等人的坏话，这让本来就对农民运动心存抵触的詹学新对农民军更加反感。在这一轮一轮的酒肉、银元、谎言的蒙蔽下，三师官兵公然宣布"不许农军扰乱治安"，并要求大元帅府撤回支援广宁农军的铁甲车队，还曾两次给徐成章写下亲笔信，要求他立即制止农民的"越轨"行动。

斗争越发复杂，危机进一步加重了。

面对这样的危局，彭湃马上召开紧急会议，与会的同志都认为，现在的问题，争取粤军甚至比攻克敌军更重要，如果任由粤军这样被蒙蔽，被拉到地主集团那边，后果将不堪设想。所以，当务之急，是要向粤军揭露地主集团的凶残与虚伪，让他们认清当前的形势，重新站到农民军一边。

一场舆论攻势展开了。彭湃分析，这支粤军原来多是陈炯明的旧部，主要的成员也是农民出身，他们参军一方面是讨口饭吃，另一方面也有对原来生活的不满，对地主土豪的憎恶，所以要打赢这场攻心战，首先要从底层的士兵开始。他派出农会中的骨干成员，与粤军的士兵接触，相同的生活背景，相同的生活境遇，很快就让两方面的人员达成了情感上的共识，粤军的兄弟们也理解到这场减租对于农民的命运，乃至中国革命的重要意义。紧接着，彭湃又组织了军民大联欢，粤军、农民军、铁甲车队和当地的民众一起看歌舞、吃热乎乎的糯米糍。农会组织排演节目，把彭湃创作的在海丰、广宁传唱的民谣一首一首唱开来，质朴而感人的歌词，被农民粗犷的嗓子唱出，真是道尽心曲，那些农民出身的士兵听着民谣，吃着糯米糍，完全被农民的悲苦与热情打动了。詹学新看到这种情况，对农民的态度、对减租的态度也发生了一百八十度的大转弯，他终于与彭湃等人达成共识，支持农民减租运动，枪口一致对准地主的炮楼。

面对突然发生的变故，江氏兄弟慌了神，他们没有想到，彭湃的动作这么快，这么有效。县长靠不住，好不容易糊弄了一个当兵的，现在也被彭湃拿下了。现在他们终于明白，这场战斗胜败的关键，就是这个中央派来的农民特派员，只要能摆平彭湃，这广宁的云就散了。而且，他们也打听到，这个彭湃本人就是地主家庭出身，虽说与家庭有些矛盾，怎么说和这些穷光蛋也不是铁板一块吧。现在他又当了高官，拿对付官员的一般方法对付他就准保是没有错的。江氏兄弟和其他顽固的地主们商议已定，决定采取措施，换个方式专攻彭湃。

几乎和地主们同时，彭湃这边也召开了与粤军联盟后的第一次军事会议，在会上，大家商定，此次军事行动最后的目的，就是把地主头子江汉英、江淮英两兄弟，以及广宁县团保总局长谭侣松等8人绳之以法，收缴地主一切武装，扫除减租运动的一切障碍，让减租运动得到彻底的实行。

他们刚刚开完会，就有人送来了一封信，彭湃打开信一看，才明白这是一份请柬，地主们邀请他和几位主要领导人赴宴，落款是谭侣松。徐成章、詹学新等人把信一一传阅，詹学新轻蔑地说："这帮家伙是要故技重施啊，没有哄弄了我们粤军，现在转攻你彭特派员了。酒无好酒，肉无好肉，我看不要理他们，咱们枪炮上见！"一位农民代表也赞成詹学新的意见，劝彭湃不要去，甚至担心这是场鸿门宴，地主们狗急跳墙要在席间加害彭湃。

但彭湃看法不同，他非常坚定地说："去，一定要去。别说是他的团保总局，就是龙潭虎穴我们也要闯一闯。咱们正商量着打破他们的乌龟壳子捉拿谭侣松，这不就送上门了，还好酒好菜的招待，这样的机会怎么能错过呢？我们就来个将计就计……"

到了约定的那天，彭湃带着徐成章和铁甲车队的党代表廖乾五三个人早早赶往赴宴地点。谭侣松听说彭湃来了，乐得嘴都合不上了，他心想果然是当官不打送礼人啊，只要彭湃往这个桌子一坐，一个酒一个钱，纵然是天王老子，他也有信心摆平。下人进来禀报，彭湃一行人已经到了门口，他赶紧招呼："快快有请！"彭湃等人被人引着进屋，谭侣松早就起来相迎。彭湃看见一桌子的山珍海味，冷冷地说："各位的生活还真是不错啊，这一桌子菜，要吃掉老百姓几家一年的口粮啊！"说着，彭湃坦然地坐下。谭侣松听出彭湃口风不善，脸上露出了一点儿尴尬之色，但是他依然相信，只要这酒杯一端，什么事就都好商量。于是，他像往常一样，热情地给诸位倒酒，酒满之后，开始了他的祝酒词。但没想到的是，祝酒词换来的不是碰杯声，而是哗啦哗啦的快枪上栓的声音，接着是咣当咣当的声响。谭侣松刚要发作，就觉得肋下一硬，一把短枪正顶着他。彭湃面带笑容，看着他。谭侣松脑袋嗡嗡直响，他还没来得及说话，门"咣当"一声被打开，全副武装的军官闯了进来，向彭湃行了个礼，大声汇报："团保总局武装已经全部解除，缴获枪支42支，所有人员都已在押！"谭侣松一听，脑袋就耷拉下来，他知道一切都完了。

这是广宁减租战斗以来最大的胜利，而且兵不血刃，这让农民军大受鼓舞。接着，新年来到，作为新年贺礼，廖仲恺又从大元帅府的卫士队中调了一门大炮，帮助农民军攻打炮楼。彭湃和战友们都认为，打破广宁的僵局，就近在眼前了。

6

见到大炮，农友们当然是欢欣鼓舞，大家以前虽然没有见过大炮，但知道这东西可是好家伙，估计拿下那些地主的炮楼就不再是问题了。卫士队队长卢振柳走到彭湃等人面前，显得极为傲慢。彭湃等人正盼救兵到来，既然大家的目标都是一致的，自然对一些礼仪上的细枝末节也就没有那么多讲究了，所有的人都在盼望，大炮一响，炮楼灰飞烟灭的那一刻。

在卢振柳的指挥下，大炮架好，瞄准，炮弹上膛，一声声的口令，牵动起所有人的神经，胜利就在眼前了。卢振柳一挥手："放！"一声巨响，人们都瞪圆了眼睛。对面的江家炮楼腾起了一阵黄烟，竟纹丝未动。大家面面相觑之际，卢振柳又命令装填，又连发了5弹。放眼望去，炮楼依然只是掉了些土渣渣，整体几乎完好无损。众人不禁开始摇头，彭湃见状，自然也是大失所望。但是他知道，此时不能伤了大家的士气，更不能显出冷淡之色伤了两支队伍的和气。于是，他走到卢振柳身边，想说几句宽慰的话。卢振柳满脸木然，似乎并不领情，闷闷地命令撤出阵地，返回兵营。

接下来几天，彭湃发现卢振柳的部队开始消极怠战，除了那几炮之外，就再也没有对地主的部队放过一枪一炮。这个情况让人很是不解。稍后，一个更加惊人的消息传来，人们发现卢振柳与江氏兄弟暗中勾结，甚至开始密商和平解决问题。他们要私下和解，出卖农民军，在几次军前会议中，卢振柳也表现得更加情绪化，指责农民军也有过分的地方，减租运动也有不当的地方，尤其对农会发展自己的武装表现出更大的敌意，认为农民这是越轨，是作乱，是反政府的。在卢振柳的干预下，农民军的布防、巡逻都受到影响，地主武装反而活跃起来，几次走出炮楼袭击农会场所，残害农会会员和家属。这让彭湃意识到这个大家盼来的"大救星"不仅不会拯救危局，反而会让农民军之前的努力毁于一旦。彭湃曾试图与卢振柳交流，如挽回粤军一样，也让他转变态度，但是他发现这个卢振柳是个不折不扣的国民党右派分子，他的表现，并非受到地主的蒙蔽，而是打骨子里憎恶农民，反对农民运动。这个人，是争取不过来的。

下定决心之后，彭湃迅速采取行动，叮嘱周其鉴等人主持战局，他连夜动身赶往广州，把广宁的情况上报廖仲恺。廖仲恺了解情况之后，也是大吃一惊，他没有想到自己的部下会如此违背自己的意愿，马上下令撤销卢振柳职务，调回广州以观后效；同时，任命彭湃、廖乾五、谢升继等人组成指挥广宁斗争的军事委员会，从此，彭湃被推到领导全局的位置上。

再次返回广宁，彭湃以军队总指挥的身份召开军事会议，他强调各支军队协同作战的必要性，而后，群策群力，大家一致商定要打掉地主的炮楼地上不行，只好走地下。从古到今，地道破城的战例屡见不鲜，只要挖通一条暗道把炸药放置到跑楼底下，不愁打不开缺口。商议已毕，彭湃当即下令，铁甲车队与大元帅府卫士队进行掩护，自己亲自带领农民军开挖地道。

地道开掘的第一天非常顺利，炮楼里的敌人首先是不明真相，第二是距离较远。但是到了第二天，敌人猛醒过来，对挖掘的农民军极力阻挠，他们冲出炮楼，袭击挖掘队伍，被掩护的军队压制住之后，转而调动土炮，对地道方向猛轰。在敌人的炮声中，地道内部险象环生，顶上的浮土随着炮声震响，纷纷落下，地道随时都有塌方的危险。此时的彭湃正与农民军战士奋战在地道挖掘的第一线。很多战士都表示前线太危险，作为一方的主将，他不应犯险，而应该在指挥部里。但是彭湃坚持不退，毅然决然地在第一线指挥地道的挖掘，鼓励大家不畏艰险，克服困难，以无畏的勇气和信心打开胜利之门。在彭湃的带领下，农民军奋战三天，地道终于挖好了。当然，彭湃也整整三天三夜没有合眼。炸药填好，彭湃满怀激情，下令点火，夜色中一声巨响，碎土碎石炸得漫天纷飞。但是，烟土散尽之后，炮楼还是好端端得戳在地上，彭湃呀了一声，在失望与劳累的双重打击下，竟然晕倒过去。

救护队员赶紧上前，把摔倒的彭湃扶住，大家及时抢救，好一会儿，彭湃苏醒过来。现在的炮楼已经不仅仅是戳在地上，仿佛就是戳在所有农民军将士的心上，只要一抬眼，就觉得喘不过气来。但是彭湃也知道，现在双方都在坚持，对炮楼的围困攻击已经月余，即使地主炮楼中储备充足，现在距弹尽粮绝也没有几天了。而且，虽然都是地主，但是地主的实力也不一样，江氏兄弟最大，别人就差一些，当然也就更困难一些。战斗之初，他们的利益一致，能够协同顽抗，但是到了今天大难将至，他们未必不产生裂痕，所谓大难临头各自飞，他们目前必然也不是铁板一块。所以，为今之计，彭湃决定三管齐下。第一，攻心为上，分化瓦解。第二，研究新战术，持续施压。第三，派人向广州求援，坚持围困。于是，彭湃不顾自己身体虚弱，召开紧急军事会议，与会代表结合从前的战斗经验，各抒己见，会议开了一整夜，连日劳顿的彭湃更显虚弱，两眼早布满了血丝，但他依然顽强坚持。最终大家达成一致：用火攻。

消息一经传出，地主们顿时慌了手脚，战斗打到现在很多人已经撑不住了，一听说火攻，最终的结果必然是灰飞烟灭；又听说彭湃下令对那些危害并不严重，有意合作的地主可以网开一面，从轻发落，一些人就开始打自己的算盘。江氏兄弟富贵的时候并不曾给大家多少好处，现在大难临头，为什么都陪江氏兄弟殉葬呢？而且，他们也接到探报，彭湃已经着人到广州请求援兵，大量的子弹已经运到前线，看来彭湃是不会轻言退兵了。多重攻势之下，黄家炮楼第一个扔下了白旗。就像多米诺骨牌的倒塌一样，地主们接二连三开始联络彭湃，商定投降事宜，很快就剩下江氏兄弟一座孤零零的危楼。江氏炮楼丧失了外围的策应，彭湃指挥农民军进一步缩小包围圈，江氏炮楼内不仅是粮食弹药难以为继，就是饮水都成了问题，他们看到再坚持下去只能是死路一条，炮楼终于打开了门，宣布缴械投降。农民军欢呼雀跃，三个月的战斗以全胜告终。

广宁减租战，在彭湃等同志的卓越领导下终于取得全胜，这是中国农民运动开展以来最大的胜利，历时三月有余，歼敌800余人，缴获大批武器弹药。最重要的是，它极大地打击了地主恶霸的嚣张气焰，为全国的农民运动做出了杰出的表率。同时，在对地主武装的斗争中，形成了一支富有战斗力量和牺牲精神的农民武装，这为今后中国共产党领导武装革命探索和积累了经验。

　　1925年春，盘踞在广东东江一带的军阀陈炯明进攻广州，广东革命政府进行东征，攻打陈炯明。彭湃赶回广州，配合周恩来领导东征。4月，彭湃回到家乡海丰，成立中共海陆丰特别支部，重建农会，发动农民组建农民自卫军，给予东征军强有力的支援。

　　1925年5月，广东省第一次农民代表大会在广州召开，正式成立广东省农民协会，彭湃任副委员长。

　　1925年10月，中共海陆丰特别支部改组为中共海陆丰地委，彭湃任书记。

　　1926年1月，彭湃撰写的《海丰农民运动报告》在《中国农民》上连载，引起巨大反响。5月，彭湃主持召开广东省第二次农民代表大会，当选为执委会常务委员。

九、走武装斗争的道路

1

　　1927年8月1日，震惊中外的南昌起义爆发。

　　这次武装起义，为中国共产党独立领导武装斗争夺取革命的胜利拉开了序幕。周恩来作为前敌总指挥，彭湃与恽代英、李立三等作为前敌委员会委员，直接参与和指挥了这场意义非凡的武装斗争。起义成功后，国民党当局极为震惊，蒋介石、汪精卫相互勾结，调集重兵围攻南昌。为避强敌，保住革命有生力量，前委会决定，起义军撤离南昌，挥师南下，准备占领汕头，以便取得国际援助，以东江为根据地，统一广东，再图北伐。8月5日，彭湃随起义军一道踏上了南下征程。

　　1927年8月7日，中共中央在汉口召开的紧急会议上，彭湃当选为临时中央政治局委员。

　　1927年8月18日，南昌起义部队到达广昌。此后，部队分成两路：左纵队走石城，右纵队走宁都，平行向瑞金挺进。

彭湃随右纵队行动。在行进至赣南宁都的一个村落时，彭湃等部分农工委员会成员被安排在一个独立的大地主庄院中。农工委大概40余人，院子很宽敞，可供几十人入住，大家安顿下来。几日行军艰难而危险，很多同志都非常疲惫，抓紧时间休息。彭湃却是一个闲不住的人，大家刚安顿下来，他便溜到院子外围巡查去了。凑巧的是，他一出院门，便发现一个陌生的年轻人，这个人行为鬼鬼祟祟，很是可疑。经过几年来的武装斗争，彭湃对于敌情早就培养了相当敏锐的嗅觉。直觉告诉他，这个人一定有问题。于是，彭湃不露声色，走上去和那个人攀谈起来。彭湃假装是混入起义队伍的人，那年轻人信以为真，居然道出了实情。原来国民党反动派除了调兵遣将围堵起义军外，还派出了暗探潜入起义军驻地，伺机进行袭击和破坏。当时敌探曾拟定了袭击农工委员会的计划，这个年轻人正是被派来刺探情报的。彭湃假称他能"里应外合"，将农工委员会成员一网打尽。年轻人自然喜出望外，把彭湃带入丛林里，同另外4个同伙碰面。其中有个领头的，左瞧右瞧觉得有些可疑，他便质问彭湃起来："你果真愿意投靠我们？"

彭湃煞有介事，应道："是啊，不然我到你们这里来干什么？"

领头的仍半信半疑："既然如此，快把你们大官的住处说出来！"

"看吧，我早就写好在纸上了，就等着有志同道合之人到来，以备不时之需呀。"那几个人都充满期待地看着彭湃伸进兜里的手。彭湃说着，就向怀里掏去。一把手枪赫然在手，彭湃一下顶住那位领头的脑壳，大声呵斥道："都不许动！快把你们的枪放下！"5个人都被这举动吓蒙了，老老实实交出了枪。彭湃将他们带到驻地，让人看管起来。

整个行军充满了意外，凶险不断。22日，起义军大部抵达三河坝。中共前委召开军事会议，按照汀州军事会议的决定，实行第一次分兵：主力部队由周恩来、贺龙、叶挺等率领向潮汕进军；朱德率领后续到达的第25师和第九军教导团共约4000人驻守三河坝，警戒敌军，掩护主力南下。由于队伍拉得过长，当彭湃所在的革命委员会各机构到达三河坝时，起义军主力已到达距离三河坝300里开外的潮汕，此时，彭湃带领的革命委员会机关，孤悬于各支队伍之外，四面受敌，处境极其危险。

彭湃深知潮汕、东江一带情况。早在大革命时期，他曾多次在这一地区组织领导农民开展斗争，声望极高，当地人民都称他为"农民王"。凭借着这些斗争经验的积累，彭湃组织了一支短枪队，自己身先士卒，手持短枪带领十几个人果断出击，很顺利地将镇上民团缴了械，两三个小时就控制住了战略要地三河坝，为朱德的部队掩护主力部队转移争取了宝贵的时间。

随后，部队又在敌人的前后堵截中开始了行军。南方的八月天，不是阴雨连绵就是酷暑难耐，部队多日的激战、行军，人人都疲惫至极。头上的太阳照得人眼花缭乱，而脚下又是脱不开的泥泞，人们背着干粮、武器，走起路来都是东倒西歪，士气受到了极大的影响。再加上战斗的减员，伤者的痛苦，悲痛和焦虑笼罩着这支艰难行进的部队，他们像在历史的夹缝中跋涉，路途凶险，前途难测，只有心中的信仰让他们在痛苦的现实中坚持、再坚持。正在这时，行军的战士突然听到身后传来了歌声。这歌声里没有痛苦，全是欢乐，人们不禁回头张望。只见一个黑黑瘦瘦的男人走了上来，这个人正是彭湃。经过长时间的行军、战斗，他此时也是两腮深陷，身上的衣服也已经破烂不堪；但是，他的精神却非常好，两眼烁烁有光。人们听着歌声，齐声说："农民大王来啦！农民大王来啦！"

彭湃走上前，愉快地说："同志们，我唱得好不好？"

战士们一起欢呼："好啊！"

"再来一个要不要！"彭湃大声问道，随着他的声音，欢乐的情绪已经感染到了每一位战士，战士们再次齐声回应："要！"

彭湃清清嗓子，又唱起了另一支歌：

莫烦恼，莫烦恼，
大家合起来，

打倒地主佬。
田仔乐呵呵，
田公苦吵吵。
分米分屋又分地，
千家兴，万家好。

彭湃唱着，说着，他走到哪里，哪里的气氛就为之一振。人们不禁夸赞，彭湃同志真是一个欢乐之神，总能把积极乐观的情绪带给大家。彭湃停下来，对大家说："世上本没有救世主，更不要说神了。要砸开痛苦的束缚，全靠我们自己！"说着他领头唱起了《国际歌》。这是每一位参加革命的同志都印在心里的声音，雄浑的歌声被战士粗犷的嗓音唱响，其慷慨悲壮的气势直干云霄。唱着唱着，人们心中热烈的理想，又被呼唤起来，心中有了动力，脚下似乎也变得轻松起来，整个队伍瞬间摆脱了多日的疲惫、苦痛，热烈昂扬地向前进发。

2

经过艰苦卓绝的战斗，南昌起义的部队最后分为几路，多点突围。经过数次殊死之战，中共前委召开紧急会议，周恩来同志顶着连日的高烧，对南昌起义以及当前的形势作了分析和总结，最后决定中共前委分批转移，开辟新的革命根据地。彭湃按照前委的指示，辗转香港，回到了他的故乡海丰，开展新的武装斗争。

海丰是彭湃革命的起点，也是中国农民运动成果丰硕的地方。在彭湃到达之前，海丰已经进行了两次武装起义，试图建立农民政权，但是很快就被反动势力镇压。所以，那里经过多年的积累，有非常好的群众基础，农民大多有革命热情和革命经验，加之彭湃在那里的影响力，所以中央决定彭湃回到海丰建立苏维埃政府。

1927年10月，经过两次革命战争洗礼的海陆丰农民军与从南昌起义转移到海丰的红二师联合发动了第三次武装起义。10月25日，彭湃下达起义命令。农民军协同董朗、颜昌颐领导的红二师猛烈出击，从乡村到城镇，如狂风暴雨一般横扫海丰、陆丰两县的地主武装，横扫县保安大队以及一切反动武装。11月15日，起义军先后占领了海丰与陆丰两座县城，取得武装斗争的初步胜利，为建立中国第一个苏维埃政权打下了基础。紧接着，县城中开始热闹起来，人们在喜庆的情绪中把县城布置一新，标语张贴在大街小巷，旗帜飞扬在城镇乡村，一个红色的世界赫然呈现在世人面前。

11月21日，海丰第一次工农兵代表大会召开，海丰县苏维埃政府正式成立。这是人们第一次拥有自己的政权，人们第一次作为主人对一个政权行使权力，虽然政权还处在四面反动势力的包围之中，但代表们依然精神抖擞，信心十足。

大会的地点设立在海丰的学宫，到了这一天，学宫也变了模样，会场四周的墙壁、街道都被粉刷成鲜艳的红色，所有的柱子上都张贴着共产主义标语，学宫成了红宫。这时人们不禁想起李大钊同志在五四时期的预言：看明朝必是赤色的天下。海丰第一次实现了这个伟大的预言：红色，这个热烈的、革命的、热血的颜色，那一天成了海丰的主色调，它向人们宣告一个新的时代开始了。它的意义更多的在于启示，中国几千年的封建王朝之后，辛亥革命给国人带来了短期的振奋，而后国家陷入长期的军阀割据时期，革命的成果一再被野心家们篡夺，从袁世凯到蒋介石，中国的出路到底在哪儿，除了国民党实践的资产阶级革命之外，中国还有没有其他的出路，这是一个人们在长期探索又不断碰壁的问题。在国共合作时期，中国共产党把自己的命运寄托在国民党的革命路线上，历史证明这是错误的，现在纠正错误的机会来了。海陆丰的胜利向世人证明中国共产党不仅有自己的精神信仰、社会理想，而且完全有能力把这个理想在中国的大地上实现。它的出现让中国几千年的政治版图上又多了一种最热烈的色调，在这个政权之下，人们会过上与以往完全不同的生活。

第一次工农兵代表大会就在这样热烈的气氛中开始了，人们走过东仓埔，这个被称为红场的小广场，进入红宫。100余名代表见证了这一伟大的时刻。彭湃在大会上作了重要的报告。他分析中国的革命形势，从全国到全省再到海丰，他对大家说："我们脚下的土地上正在发生的事件在整个中国的革命，甚至整个中国历史上具有重大的意义。这是中国历史上第一个多数人的政权，在这里，大家要将革命进行到底，真正做到土地归农民，工厂归工人，取消一切剥削，一切不合理的债务将被撤销，象征剥削的田契租簿将会烧毁，一切反动势力会受到无情的镇压。革命之火已经点燃，它会越烧越炽烈，直到从烈火中飞升出一个新的中国。"接着，红二师党代表颜昌颐也发表了讲话，他强调武装割据的重要性，强调工农武装在中国革命中的意义，红色军队将是整个苏维埃政权坚定的支持者，坚强的后盾，当然也是革命政府各项政策执行的开路先锋。大会热烈而高效，各项政策紧张而有序地颁布，海丰、陆丰下辖的各个地区的200万民众，从这一刻起将要过上完全不同的生活。

政策的贯彻雷厉风行，在军队的帮助下，海丰县政府组织全县的劳苦大众冲开了地主家的大门，土豪劣绅积攒了几辈几世的财产，被当做劳苦大众几辈几世的仇怨，在这个时间一笔算清。田地充公，重新划分，田契、地契、租约、债券等一切用来剥削劳苦大众的手段统统收缴，总计收缴印契47万多张，账簿5.8万多本。全县仅用二十几天的时间，就把土地重新划分，耕者有其田的古老理想，在新政权下成为现实。拿到新政权颁发的土地证的农民一个个兴高采烈，这是他们几辈人的梦想。几辈人想都不敢想的事情，一朝变成现实。农民分到土地，革命的热情更加高涨，彭湃又继续新的革命构想，让苏维埃政权进一步合理化、扩大化，继续壮大革命的力量和成果。

3

1927年12月1日，彭湃和红二师的领导同志，在红场主持召开海陆丰苏维埃政府成立庆祝大会。当时参加大会的民众有5万多人，人们兴高采烈地聚集到一起，欢呼中国历史上第一个县级苏维埃政权的成立。台下红旗招展，口号声声，一片热烈昂扬的欢庆场面。大会开始，人群开始沸腾，这些几辈十几辈，被皇帝，被军阀，被地主压迫、剥削的民众，终于有一天能够自由地发出自己的声音，过上自己期待的生活了。他们用自己的呼喊，表达着对生活的热望，对革命的热忱，有人高声喊着"彭菩萨"，如潮水般的欢呼声一浪高过一浪。

在众人的热切期盼中，彭湃走上了主席台，他看着台下的群众，看着身边的战友，心中自然也洋溢着骄傲。这是中国大地上最鲜活的声音，最鲜活的面容，他们代表着一个时代的开始，这些祖祖辈辈被人压迫的麻木的甚至不知自己为谁而活的农民，他们将作为这个国家的先行者去经历人类全新的社会进程。为了这一伟大的事业，他，一个地主家的少爷，远渡重洋，到日本求学，从一个文弱书生，到拿起了枪；从锦衣玉食，到历经生死。他斗过地主老财，他与家庭反目，今天，他终于看到了这种蜕变的成果，虽然只是中华大地的一角，但他坚信，这一角中国，会像曾经的六人农会一样，从小到大，从弱到强，从海丰走向整个中国。因为，他坚信，这条道路是正确的，而他正走在这条道路上，而且有一天，他会领着更多的人走在这条正确的道路上。

他开始讲话了，他的声音高亢而坚定："同志们，彭湃不当菩萨，菩萨救不了咱们穷人。我们中国信菩萨信了几千年，但是农民苦了几千年。今天，我们要做的，就是不求谁了，我们靠自己，靠自己才能不受穷，才能不受压迫。从前，我是一个地主的儿子，我只能把自己家里的田分给十里八乡的群众，让少数人过上好日子。但是，中国像咱们这样的穷苦人何止千千万万，中国何止一个海丰啊。谁能把中国所有的田地分给所有的穷苦人？谁？我告诉大家，是中国共产党。中国共产党是我们穷人的政党，为穷人的生活奔走、呐喊、奋斗，他们要帮我们穷人打天下，让我们穷人做天下的主人。我今天骄傲地告诉大家，我就是一名共产党员，在中国还有千千万万像我这样的共产党员。共产党员的宗旨，就是要让中国所有的老百姓过上好日子，有衣穿，有饭吃，有学上，大家说好不好！"

会场再次沸腾了，人们在彭湃的带领下，高呼："中国共产党万岁！""红军万岁！"口号声响彻云霄，久久不息。大会结束之后，彭湃主持召开苏维埃大会，进一步研究讨论苏维埃的政权建设问题，建立起以农会为中心的权力体系，核心是一切权力归农会；接着召开军事会议，部署红军扩建事宜。在接下来的一段日子，整个苏维埃政府行动起来，在彭湃等的领导下，政治、军事管理工作逐步展开，一大批地主恶霸受到镇压，压在农民头上的大山被彻底掀掉了。

在南昌起义的影响带动之下，1927年12月11日，张太雷、叶挺、周文雍、叶剑英等同志在广州领导武装起义。但是由于准备比较仓促，虽然起义军浴血奋战，终因寡不敌众，起义以失败而告终。为了保留红军的实力，起义的队伍撤出广州，向各地突围。1928年1月，广州起义部队一部重新整编，形成中国工农革命军第四师，在徐向前等同志的带领下开进海丰、陆丰，与红二师以及海丰的农民军武装胜利会师。第四师的到来，让海陆丰的革命力量得到进一步的壮大，为开辟海陆丰革命根据地打下了坚实的基础。

海陆丰苏维埃政权在彭湃的领导下，首先安排了第四师的生活，让这支英勇而疲惫的队伍得到了难得的休整。战士们经历了残酷的战斗，突破敌人的围追堵截，此次起义的领导者张太雷同志也在指挥战斗中不幸牺牲。在痛苦和疲惫的双重压力下，这支部队正处在消极的状态当中，一种失败的情绪在队伍中蔓延。彭湃细致体察到这样的情况，在会师大会上，他特意讲到广州起义的失败，他对起义的同志们说："大家不要灰心啊，这算得了什么呢？我们共产党人从来就是不畏困难的，牺牲都不怕，还怕失败吗？失败了再来，只要信仰不变，革命总有一天会成功。"第四师官兵听了彭湃的话都很受鼓舞，他们知道，在自己眼前的这个个子不高、黑瘦黑瘦的同志，他是从南昌起义中走过来的，他经历过多年革命的考验，真正见识过血与火，真正经历过牺牲与失败。所以，彭湃的话在他们心中显得尤为有力量。尤其是他们第一次看到了多少同志为之流血牺牲的革命理想在海陆丰的大地上切实地实现了，海陆丰的农民真的过上了他们理想中的生活，则更是深受鼓舞。此时的海陆丰已经成为一个指引革命道路的灯塔，为全国的革命斗争指明方向，在失败的寒夜中散发着无穷的光热。

在彭湃等同志的领导下，苏维埃政府不断拓展，以海陆丰为中心，惠阳、紫金、五华、普宁、惠来、潮阳等地迅速建立起苏维埃政权。在苏维埃政权扩大的同时，党建工作得到了快速的发展，到1928年2月，海陆丰的共产党员发展到一万八千多人，这为后来的革命斗争储备了大量优秀的人才，给革命注入了更加持久的生命力。

4

1928年2月，在海陆丰苏维埃政权发展得如火如荼之际，敌人调动三个师、四艘军舰，分四路向海陆丰展开围攻。彭湃带领农民军和整编的红二师、红四师积极应战，战斗非常激烈。在战斗中，彭湃总是身先士卒，作战非常英勇。他也尝试运用诱敌深入、集中力量打击敌人等战术与敌人进行周旋，保卫苏维埃政权。但是由于敌我力量悬殊，彭湃等人领导的苏维埃武装多数为刚刚放下锄头、拿起刀枪的农民，缺乏大战经验，所以，在开战不久就陷入了极为被动的局面。形势所迫，彭湃等人决定，将苏维埃的武装力量退出海丰县城。后来，红二师、红四师曾经对敌人发起了几次反攻，但是由于红军当时武装力量相对薄弱，尤其不具备攻坚能力，几次反攻也都以失败而告终。中国历史上第一个苏维埃政权海陆丰，在敌人疯狂的攻击下最终失败了。它的存在虽然只有4个月，但却创造了"多个第一"，具有开创性意义，为党独立领导武装斗争进行了成功尝试和探索，为建立人民当家作主的红色政权作出了典型示范，在中国革命史上写下了光辉灿烂的一页。

退出海丰之后，经过详细研究，彭湃和中共东江特委决定把革命队伍拉入大南山一带，利用大南山一带的自然环境，继续搞武装割据，坚持斗争。

大南山横跨汕头市潮南区和普宁市、惠来县，东西长50多公里，南北宽30多公里，面积约1500平方公里，是第二次国内革命战争时期建立起来的革命苏区。大南山西北崇山峻岭，连接南阳山，沟通大北山，东南山峦起伏，濒临南海，是连接潮普惠三地的纽带。群峰耸立，怪石嶙峋，沟壑纵横，岩洞密布。东部属潮南区境，南部是惠来辖区，西部为普宁属地。大南山境内拥有百余村落，五六万人口，村落小而分散。这里除了有比较适合武装斗争的自然条件之外，群众基础也非常好，农民世代受到地主恶霸的欺压，有很强的反抗意识。早在1923年，这里就开展农民运动，积累了比较丰厚的革命斗争经验。

大南山的民众听说农民大王彭湃带领的革命队伍进驻大南山，都欢喜地奔走相告，激动异常。彭湃进驻之后，迅速开展工作，联系当地农民组织，调动群众的革命热情。他挑选熟悉大南山地形的山民，带领队伍进入大南山深处，建立起后勤补给、情报传递等安全通道，为持久斗争做好充分的准备。

在当地山民的指引下，彭湃住进了潘岱村附近一个十分隐蔽的大石洞中。这个大石洞是天然形成，隐藏在海拔500多米的白虎头岭中，不熟悉当地情况的人根本就无法找到。洞口近似三角形，两块巨大的石头，形成了一个天然的石门。进到里边，又让人豁然开朗，顿觉别有洞天。彭湃走进这个石洞，左右看看，前后走走，站定之后，发出爽朗的笑声。他不禁感叹："这真是老天赐予我的指挥部啊，我们的潮普惠苏维埃政权就要在这里扎根，在这个天赐宝地里，干出一番惊天动地的大事！"彭湃的笑声极富感染力，似乎征战的疲惫、海丰失利的愁云一扫而光，人们觉得在这个拥有坚定信仰的共产党员身上，从来就没有消沉、没有烦恼，一切困难在他坚定的信心中都可以烟消云散。大家也都轻松起来，随着彭湃的笑声都露出难得一见的笑容。

彭湃接着说："同志们，我们的革命暂时遇到了困难。但是，我们的组织还在，我们的群众还在，只要我们的党是真正为老百姓谋福祉，我们就能最广泛地联系和发动群众，我们就有无穷无尽的革命力量。现在条件是艰苦了一些，但是大家要知道，我们现在受的苦，是为了将来的民众能过上真正幸福的生活，我们少数人受苦，是为了让大多数人过上好日子。大家要坚信，我们在大山深处的斗争不是孤独的斗争、孤立的斗争，有千千万万的民众是和我们站在一起的，因为我们的事业是正义的、光明的，最后的胜利一定是属于我们的！"

彭湃说着，他的声音在石洞中回响，人们不知不觉中乐观起来。彭湃一挥手，大家说干就干，把一个天然的山洞立刻布置成一个临时的指挥所。村里的农民还为彭湃送来了一方砚台，摆在了他的书桌上。有的同志认为，在山洞中的生活太艰苦了，劝他可以在没有战斗的时候搬到村中去居住，也方便照顾他的生活。听到这儿，彭湃摆了摆手，说："同志啊，山不在高，有仙则名！大家都叫我彭菩萨哩，我咋能离开山洞，这个石洞舍不得我走啊！"说着又是一阵爽朗的笑声，在场的警卫员也都跟着笑了起来。在这段艰苦的岁月里，只要彭湃在，笑声就在，他走到哪里，哪里就是一片乐观、昂扬的景象。

虽然已经退出了海丰县，但是敌人对这支红军队伍的"围剿"并没有丝毫的放松。彭湃他们在大南山刚刚站住脚，敌人就尾随而至。经过几次激烈的战斗，红军减员严重。山里的生活实在艰苦，粮食严重短缺，山民的生活本来就比较艰难，虽然已经尽力支持，但是依然无法给红军提供完善的补给。更为严重的是当时药品短缺，很多的伤员得不到及时有效的救治，造成了不必要的损失，整个队伍笼罩在痛苦失望的情绪之中。彭湃不断地鼓励大家，他随时随地都能和群众、战士走到一起，与他们交上朋友。他对战士极为体贴，千方百计地给伤员寻找食物，让他们能够休养身体，而自己却只能喝南瓜汤充饥。衣服被褥，他也都让给了伤员，自己从不在意生活上的艰苦。

有一次，一个小战士深夜放哨回来，冻得浑身发抖，彭湃就把小战士揽到自己怀中，像父兄一般搂着小战士，用自己的身体给他驱寒。我们可以想象那样的情景，在革命最艰苦的黑夜中，他用自己的体温和信仰的力量，与战士们一起等待天明。彭湃见到很多伤员由于无法移动，心生烦闷，进而对生活、对革命丧失信心，他就找来蒲草，让他们打草鞋。有时他也会过来与他们一起打，手里有了活儿，战士们的心情就比较容易平复。彭湃一边和他们打草鞋，一边谈天，讲革命道理，讲世界大事，有时也讲讲有趣的故事，教战士们唱唱歌。这个快乐之神，很快就能让战士们忘记苦痛，重新对生活、对革命燃起信念的火苗。

在这样艰苦的条件下，彭湃同志领导红军武装顽强地斗争，大南一带遍布他与战士们的脚步与血汗。他乐观的态度，英勇的精神，在最艰难的岁月中给战士们带来了无与伦比的力量，沉重地打击了国民党反动派的反革命气焰。徐向前同志曾这样介绍这位并肩战斗的战友："他个头不高，身着普通农民的衣服，脚穿草鞋，不论走到哪里，都能和群众谈心、交朋友……饭碗上沾着鸡屎，他毫不在乎，端起碗就吃。这一点确是难能可贵的，我很佩服他。"

1928年7月，在中共六大上，彭湃当选为中央政治局候补委员。1928年11月，彭湃奉命赴上海，参与党中央的领导工作，但是彭湃所燃起的大南山的革命烽火并未就此熄灭。徐向前、李富春、邓发等同志先后在这里指挥红军战斗，大南山成为广东革命的圣地，在中国武装斗争的历史中，树立起一座可歌可泣的丰碑。

十、生命不是通向死亡，而是理想

1

1928年的上海，笼罩在白色恐怖的气氛中，这座大都市被国民党反动派变成了"围剿"中国共产党、残杀爱国进步人士的魔窟。在蒋介石、汪精卫等人的残酷绞杀下，中国的革命形势跌入谷底。成千上万的党员、民众惨死在敌人的屠刀之下。但是，在俄国十月革命的经验指导下，上海这座当时中国工业化程度最高、工人聚集最多的城市，依然被作为中共中央指挥全国革命的中心，很多领导同志在极为危险的情况下坚持工作。

这年冬天，彭湃被调到上海，主持中共中央农民工作，任中共中央农委会书记兼江苏省委军委书记，与周恩来等党和军队的领导同志一起战斗在敌人的心脏。为了安全，他们的每次会议都进行得极为严密，总是由中央军委秘书白鑫负责统筹，临时安排会议场所，临时通知与会人员，尽量不给敌人可乘之机。

这一天，上海闹市区和合坊，一个人走到一处酒店门前，他谨慎地看看四周，确定没有人跟踪，才进了酒店。他用礼帽掩住大半个脸，低着头，尽量避开他人，来到事先与人约定的包间。一开门，他看到一个穿深色西装的人正在等他。身后的门突然关上了，两个精壮的男人不知什么时候，站到了他身后，一把枪顶住他，另一个人开始搜身。

"我是诚心来投，范处长此为何意？"来人有些愤怒。

那个穿西装的人确定来人没有武器，一挥手，站起来说："非常时期，大家都要小心，还请白先生不要见怪，请坐。"这个人叫范争波，时任国民党上海党部情报处处长。来人一落座，就又马上站起来，带着哭腔说："范处长，我有负校长教诲，一时糊涂，误入歧途，我……"

范争波笑笑，拍着来人的肩膀让他坐下，得意地说："年轻人，难免犯错，错而能改，善莫大焉，我想校长一定能体谅你的苦衷。贤弟这次迷途知返，如再能为党国建功立业，前途不可限量，以后愚兄还要仰仗贤弟你呀！"

来人听了范争波的话，一块石头终于落地，他抓起面前的酒杯，一饮而尽，像一个穷途末路的人把灵魂出卖给魔鬼一样，失魂落魄地赌咒发誓，一定将功赎罪。这个被白色恐怖吓破胆的叛徒开始筹划他的阴谋，把以往并肩战斗的战友变成他加官晋爵的筹码。

1929年8月24日下午，彭湃与时任中共中央军事部部长杨殷以及江苏省委军委秘书颜昌颐、中央军委士兵运动负责人邢士贞、上海市总工会纠察队副总指挥张际春等4位同志在沪西区经远里白鑫的家中召开会议，商讨当前的革命形势和武装斗争等问题。白鑫的家地处偏僻，很不起眼，街道逼仄，往来的人员也相对简单，这是党在白色恐怖之下特意建立的一个联络点，非常可靠。将近4点了，屋子里比较闷热，外边也相对安静。白鑫略显焦虑地说："周恩来同志怎么还没到啊，不会出什么意外吧？"彭湃回答："恩来今天临时有别的事情，由我来主持会议。"白鑫哦了一声，就示意他的妻子出去，他也跟着出去，像往常一样，为与会代表把风，这已经成了当时开会的惯例。

面对当时严峻的国内革命斗争，大家各抒己见，声音不高，但讨论得十分激烈。正在此时，外边突然传来杂沓的脚步声，警觉的彭湃立刻趴到窗口向外张望，整栋房子已经被敌人包围了。

一阵紧张的脚步声之后，旧木门啪啦一声被撞开，荷枪实弹的巡捕冲进屋内，雁翼形排开，十几把枪黑洞洞的枪口对准屋中的人。只见桌子上摆着一副麻将，几个人围桌而坐，惊愕地面对巡捕，其中一个人站起来，一脸茫然地问："各位老总，这是干什么？"

带队的长官看了一下，从兜里掏出一个名单，用生硬的汉语念道："周恩来、彭湃、杨殷、颜昌颐、邢士贞、张际春，你们6人，跟我们走。"

他说完这句话，也有点儿诧异，因为当时的屋子里只有5个人。听他念完名单，5个人沉着地站了起来，被巡捕拿枪逼着，绕过逼仄的楼梯。楼梯处也站满了全副武装的军警，楼下停着红皮钢甲车，持枪的军警环视而立，如临大敌。种种迹象显示，这不是一次偶然的抓捕，事前一定是经过周密的安排。而更让他们感到疑惑的是，军警非常明确地逮捕了他们5人，却对白鑫夫妇置之不理，仅在他们的住处简单翻动一会儿就撤了出来，似乎对他们这次搜捕的结果早已了如指掌。

2

彭湃等人被捕的第三天，8月26日，租界的临时法院开庭，按照中国的租界条款，当时的租界享有独立的司法权力，但是租界在此事件中，表现出对国民党当局完全顺从的合作态度。法官与公安局代表故意做作一番，组织了一个过场性的法庭审判。审判现场，只有被捕的彭湃、杨殷等5名同志到场，他们的照片已经于被捕当日做了详细的备注，法官按照姓名逐一展开询问，继而宣布罪名成立，择日交付国民党当局。

引渡事宜很快完成，彭湃等人被秘密移交给国民党上海当局，关押到水仙庙看守所。

抓到了共产党重要领导人彭湃，让国民党当局兴奋不已，上海市党部立刻专门向蒋介石发报，邀功请赏。南京的蒋介石对此次抓捕早就有所了解，当他获知上海方面抓到了被誉为"农运大王"的彭湃，自然是欣喜若狂，但他也知道面对这样的大人物，无论是关押还是转运，都是非常棘手的事情，于是命令，身份一旦核实，就地正法。

很快彭湃等同志被抓一事，出现在各大报纸的头条，这被当做国民党当局对共产党极大的胜利进行舆论宣传。而在国民党大吹大擂的同时，周恩来同志正痛苦万分。在周恩来等人看来，这件事情来得突然又蹊跷。他们知道，彭湃同志一向行事谨慎，无论是在大南山游击区，还是在上海敌特区，多年的革命工作经验更让他对危险有天然的嗅觉，怎么会在没有任何预兆的情况下突然出事？鉴于事件的复杂性和紧迫性，当天晚上，周恩来亲自主持召开中央特科紧急会议，对事件进行分析，商讨后续的营救工作。

会上，当时主持情报工作的陈赓提供了一个重要的信息。当时上海的情报工作极为复杂，常常是你中有我，我中有你。就在前天，陈赓在工作中，接触到一个国民党特务，他向陈赓吹嘘，过不了几天，像周恩来、彭湃这样的大鱼就要落网了。陈赓觉得蹊跷，旁敲侧击地询问，终于了解到一个中共的关键人物近日投敌，这个人与中共领导广有接触，似乎姓白，但是身份无法确定。

陈赓立刻意识到，这是一个严重的事情，但是又不能盲目作出判断，正当他力求破解信息之际，彭湃等同志竟突然被捕。陈赓当然十分懊恼，而叛徒的身份也一下锁定到白鑫身上。面对这一突然的变局，周恩来马上命令，采取果断措施，调整、撤销一切与白鑫有往来的党内关系，切断白鑫与党内同志的联系。一时间就像多米诺骨牌一般，一动百应，几十名关键人物消失在上海茫茫的夜色当中，大部分同志顺利转移，但多年经营的地下交通网也受到极大的破坏。与此同时，周恩来决定启动敌情关系，以确定叛徒的真实身份。所谓敌情关系，就是能为我所用的隐藏在敌人内部的情报内线。这样的人物不同于我方打入敌人内部的情报人员，他们的身份十分复杂，多为双面间谍，既有极大的利用价值，同时也极具危险性；不到危急关头，一般不会启动这层关系。周恩来要找的这个人叫杨登瀛。他早年留学日本，回国后参加五四运动，1924年加入国民党，属于国民党左派人物。他了解马克思主义，并对共产党抱以同情的态度；同时，他又结交青帮人物，进入国民党核心人物陈立夫的中统圈子，成为中统驻上海站的特派员。他与周恩来、陈赓多有交往，成为当时上海滩八面玲珑，所谓"兜得转"的大人物。

陈赓找到杨登瀛，说明了来意，杨登瀛当然知道事态紧急，当即通过中统的情报网进行打探，最终的结果，证实了周恩来、陈赓等人的猜测，一个月之前，中央军委秘书白鑫，叛变投敌。

3

在周恩来的亲自调查下，白鑫叛变的事实已经逐渐明朗。白鑫曾经参加南昌起义，1929年初调往上海工作，任中共中央军委秘书。他的革命意志本就不十分坚决，在白色恐怖弥漫、革命陷入低潮之际，开始动摇。他的一个表弟在海陆丰叛变逃跑，被抓获后彭湃下令处决，这件事情成为他叛变的导火索。一个月前，他已经密会国民党上海党部情报处处长范争波，在得到大笔奖金的允诺后，开始计划出卖中共中央重要领导人，最终导致彭湃被俘；而万幸的是，本来在与会名单之列的周恩来，临时有事未到现场，才躲过此劫。

周恩来主持应急会议，他处变不惊，分析敌我形势，冷静而果断地做出三点部署，由陈赓负责执行：

第一，要在今明两天内，向有关人员发出白鑫叛变的消息，以免造成更大的伤害。

第二，继续侦查白鑫的行动，摸清动向，伺机铲除。

第三，要通过内线，尽最大可能了解彭湃等人被捕后的情况，力争营救。

　　陈赓领命，开始紧张地筹备组织营救工作。

　　时间像被铅化，每一秒都过得异常沉重。正当周恩来主持营救工作时，水仙庙看守所内，敌人对彭湃身份的确定也在进行。这是彭湃第二次被提审，第一次的时候，彭湃并未承认自己的身份，敌人没有办法，草草收场。这一次，彭湃又被带到法庭上，他镇静地等待着可能面对的一切。

　　这一次，法庭上多了几个人，其中一个叫方乃斌，是汕头市市长，当年彭湃在海丰时，两人曾经打过交道。彭湃的身份彻底暴露了，他反倒自然起来，当即爽朗地说："我就是彭湃，你们要怎样就怎样。"

　　既然确定了彭湃的身份，法官继续让彭湃交代自己的"罪行"。

　　彭湃爽朗地说："我叫彭湃，生于1896年，广东海丰人。至于所犯何罪，我不清楚，由你们去定好了。本人1922年在海丰县创建了全国第一个农会，次年1月当选为海丰县总农会会长。1924年参加中国共产党，同年在广州创办农民运动讲习所，孙中山先生还亲自写信致贺。1925年5月，本人当选为广东省农民协会副委员长。1927年8月，参加南昌起义，任中共前敌委员会委员。随后，又领导陆丰第三次武装起义，建立海陆丰工农兵苏维埃政府，并担任该政府委员长和中共东江特委书记。我现在所担任的职务，想必白鑫已悉数告诉你们了吧，我呢，就不必多说了。"

　　审判官略带嘲讽地问：

　　"彭湃先生，以你这样聪明的人，居然不知对政府所犯何罪？"

　　彭湃凛然相讥道："我不知道犯了什么罪！至于你们的政府，我并不认账！我只知在海陆丰工农兵苏维埃政府时，似你们这班背叛中山先生的反革命叛徒，我不知杀了多少。审判官先生，你也不必多问了，大不了判我个死罪就是了。"

　　敌人见审问彭湃一无所获，把他押回去，然后逐次对杨殷等4人进行审问，4位同志同样表现出大无畏的革命精神，把敌人的法庭变成了宣传革命主张的现场，让敌人无计可施。在监狱的走廊中，5人身上的镣铐叮当作响，脚步铿锵，他们含笑对望，朗声唱起《国际歌》。高亢深沉的歌声顿时在监牢中回荡，同时在押的革命志士无不响应，歌声刹那震响监狱，就是看守的狱卒也为之感叹。

彭湃等人入狱时间虽短，但是影响极大。他们与看守的士兵，与被关押的革命青年和共产党员找机会交流谈心，谈社会、谈理想，谈马克思主义理论，谈中国的未来与前途，说到壮怀激烈处，就引吭高歌，《国际歌》一次又一次回荡在牢狱当中，于是黑暗压抑的牢房，一变而为激昂慷慨的战场。狱友们都感动而觉悟道：只有跟共产党走，才是我们穷人的正当出路。有些因嫌疑而被抓的群众更加坚决地说：我们今后只有参加革命的一条路了。有些久闻彭湃大名的人，闻得彭湃在狱中，均争相来看望问候他，均以相识为荣。

面对这一情景，上海公安局觉得把彭湃这样的人物关押在水仙庙看守所实在是不保险，于是他们请求立刻把彭湃、杨殷、颜昌颐、邢士贞4人转移到看守更为森严的龙华淞沪警备司令部监狱。申请一经上报，消息马上被杨登瀛获知，时间、路线、押送人员等具体情况，通过杨登瀛一点一点及时而准确地汇集到周恩来和陈赓的面前，一场营救计划慢慢浮出了水面。

4

当时上海中国共产党领导的主要武装行动力量，是周恩来亲自指挥的中央特别行动科，简称中央特科。它是中国共产党在上世纪20至30年代期间，所建立的一个情报和政治保卫机关。中央特科主要从事地下工作，包括情报收集、对中共高层人物实施政治保卫，并且开展针对国民党的渗透活动。除此之外，中央特科还有一个重要任务，就是惩处背叛革命并且对党组织造成严重危害的叛徒。这是一支神秘而精干的武装，在上海神出鬼没，令敌人闻风丧胆，也是营救彭湃等同志的主要力量。

当特科得到敌人要把彭湃等人从水仙庙看守所转押到上海龙华的淞沪警备司令部监狱的情报后，周恩来马上召开会议，布置营救工作。他命令行动科主要负责彭湃的营救工作，预先埋伏，拦截囚车；陈赓负责联系杨登瀛，逐步掌握叛徒白鑫的情况，随时准备清除。为了完成此次行动，周恩来命令所有特科人员，只要会打枪，都要参加行动，不惜一切代价，营救彭湃同志。

1928年8月28日一大早，通往龙华淞沪警备司令部的必经之路枫林路一带，一辆大卡车满载着男男女女驶了过来。车子停下，车上的人有说有笑，开始搭背景，设轨道，摆放摄像机。路过的行人一看就明白，这是拍电影的。当时的上海这种电影摄影队非常普遍，上海市民对此早就见怪不怪、习以为常了。

但是，今天这群表面上嘻嘻哈哈的拍摄者，内心却无比紧张。他们的任务不是拍摄，而是救人。这支中央特科队伍为了便于行动，按照安排化装成电影摄制队，在轻松的表面下，正紧张地等着对面开来的押送车队。因为事出紧急，行动之前无法筹集那么多枪支，所以要临时购置。枪按照事先的约定，会在押送车队到来之前送到现场。突然，一辆摩托车由远而近急速驶来。摩托车停下了，一个汉子跳下来，几个人围过去，紧张中带着兴奋说："怎么才来！"

来人皱皱眉头说："出了点儿问题。"来人叫人把摩托车上的大箱子搬到剧组临时搭建的围挡中，哗啦一声打开，整整齐齐的一箱子枪，崭新的，透着光。枪是好枪，一水的德国造，但是，为了防止生锈，枪身都用黄油包裹着，而要使用就得用煤油把黄油洗净。行动科长急得一跺脚，真是百密一疏。他一边命人赶快擦拭枪身，一边派人把情况迅速报告周恩来。

在场的同志每一位都是身经百战视死如归的好手，大家焦急地等待着。过了一会儿，一个人拉着黄包车快速跑过来，冲着行动科长无声地摇了摇头。大家都明白，行动取消了。刚才还有说有笑的拍摄队顿然无声，营救彭湃同志最后的机会错过了。

5

彭湃等人被押送到淞沪警备司令部监狱后，已知必死。但是他们依然没有放弃最后的机会进行斗争。国民党当局知道，彭湃这样坚定的马克思主义者，是不会投降的。于是，他们使出浑身解数，皮鞭、烙铁、电椅这些非人的刑具逐一施加到彭湃身上。面对敌人残酷的拷打，彭湃始终一言不发。他多次昏死过去，而苏醒之后，面对敌人凶残的嘴脸，只是轻蔑地摇摇头。在这样钢铁的意志面前，敌人越来越急躁，狂怒中带出胆怯，残忍在不断升级，却再也无计可施。

而遍体鳞伤的彭湃被带回监牢后，苍白带伤的脸上总是露出坚定的笑容，然后用虚弱的声音，对狱友们说，一定要忍住伤痛，坚持斗争。他的一言一行，坚定了同志们斗争的决心。

经过特科情报部门的不懈努力，彭湃虽在狱中，但依然和外边的同志保持着联系。在生命最后的时刻，他通过书信，向外边的同志坦露了自己的心声：他嘱咐党中央不要因他们被捕而伤痛，要继续努力谋得革命的发展；不要冒险实施武装营救，让同志们为他们付出牺牲；他希望党内对于不同意见的斗争要多从教育上做功夫，坚定同志信仰，以教育全党……彭湃与杨殷等同志已经分开关押，他们有机会相聚谈话时，不忘谈及许多政治问题，即使是严刑拷打之后，他们都是谈笑自如，杨殷同志曾笑说："朝闻道，夕死可矣。"彭湃爽朗附和，相互鼓励坚定信仰，战斗到最后一刻。

8月30日这天，临时法院忽又传4人复审。警备司令部于当天午后，将4人严密地解送至法院。到法院时，戒备森严，军警林立。法院特别法庭开审，不许人旁听，最终也没有将彭湃、杨殷等同志所犯的罪状究竟如何公之于众。

整个法庭审判过程，就像一出滑稽的木偶戏，法官、陪审团、辩护律师，都成了摆设。他们想通过这种掩人耳目的手段，对民众进行欺骗。彭湃、杨殷等4位同志镇静地站在被告席上，连日的折磨已经让他们遍体鳞伤，但他们眼中闪现的是坚定的、毫不屈服的神色，看着这出欲盖弥彰的虚伪表演，不时流露出鄙夷的微笑。也许，他们看到的不是自己即将面临的死亡，而是国民党反动派的胆怯与必将灭亡的未来吧。全程他们没有说什么，经过前几次的审判，敌人已经深知几位的厉害，再也不敢让他们开口。但是，他们镇定自若的神态，已经把敌人永远钉在了历史的耻辱柱上。

在法庭审判结束之后，他们又被武装押解回警备司令部监狱，整个过程同样戒备森严。当从法庭回到囚车时，颜昌颐同志举手高呼共产党万岁，4人相视而笑。大约一个小时之后，牢房的门被打开了，一个当官的开始喊："彭湃、杨殷、颜昌颐、邢士贞出来……"4位同志站起身来，从容地走出了牢房。走到监狱的走廊，他们4人唱着《国际歌》，呼着口号，狱中难友无不洒泪而泣。

4位同志并未被带出龙华警备司令部监狱，行刑是秘密的，枪声划破寂静的长空，忽而又转归寂静，就像什么也没有发生一般，但历史将永远铭记这悲壮的瞬间。

6

彭湃等人被捕后，坚贞不屈，终被杀害。周恩来闻讯，非常悲痛，找来陈赓，严肃地说："我们一定要处决叛徒，为烈士报仇。"陈赓已侦知白鑫叛变后，找达生医院的柯麟大夫看过病。达生医院是由中共党员柯麟和贺诚开的医院，是中共中央的秘密联络点，党中央每月都要在这里开一次会。由于周恩来制定了严格的单线联络的办法，白鑫在中央军委工作，竟不知这个秘密。柯麟给白鑫看病时，查看了白鑫居住的范公馆的情况，得知他很快要去南京，回来后将对上海的党组织进行更大的破坏。

陈赓向周恩来汇报了这些情况后，带领特科行动队来到霞飞路上的范公馆附近，详细查看地形，然后，研究制订了周密的行动方案。

1929年11月11日晚，特科行动人员在范公馆门前干净利落地处决了白鑫，有力地震慑了国民党反动当局以及变节者嚣张的气焰，也以此告慰了彭湃等同志的英魂。

附录　彭湃生平年表

1896年10月22日，出生于广东省惠州府海丰县（今属汕尾市）一个地主家庭。

1901年，进入海城七圣宫读私塾。

1903年，进入林祖祠小学读书。

1909年，进入海丰县第一高等小学读书。

1912年，与蔡素屏结婚。

1913年秋，进入县立海丰中学读书。

1917年6月，东渡日本学习，并给自己改名为彭湃。

1918年9月，考入日本早稻田大学，攻读政治经济学科。

1919年9月，加入建设者同盟，不久又加入劳动者同情会。

1920年10月，在东京发起组织爱国进步团体"赤心社"。

1921年，学成回国。7月，创办社会主义研究社；8月，到广州参加中国社会主义青年团，并与陈独秀等人取得联系，开始系统地学习马克思主义，接受党的教育和培养。

1922年5月，组织海丰学生举行庆祝五一劳动节的集会和游行，与李春涛等创办《赤心周刊》。

1922年7月，与另外5位农民组成全国第一个农民协会"六人农会"，开始从事农民运动。10月，赤山约农会成立，为赤山约农会拟定了组织章程。

1923年1月，海丰县总农会成立，任会长。4月，到陆丰推动农民运动，协助成立了陆丰县总农会。5月，海丰总农会扩展为惠州农民联合会；7月，惠州农民联合会改组为广东省农会，任执行委员长，起草了《广东农会章程》。

1924年4月初，在广州加入中国共产党。7月，国共合作举办的第一届农民运动讲习所在广州开学，任农讲所主任。11月，以国民党中央农民部特派员身份到达广宁，开展长达3个月的广宁农民反对地主武装的斗争。

1925年2月，赴东江参加东征。4月，成立中共海陆丰特别支部。5月，广东省第一次农民代表大会在广州召开，正式成立广东省农民协会，任副委员长。10月，中共海陆丰特别支部改组为海陆丰地委，任书记。

1926年1月，撰写《海丰农民运动报告》在《中国农民》连载。5月，主持召开广东省第二次农民代表大会，被选为第二届执委会常务委员。

1927年8月1日，参与领导南昌起义，任中共前敌委员会委员。8月7日，在中共中央召开的紧急会议上当选临时中央政治局委员。

1927年11月，领导建立中国第一个县级红色政权——海陆丰苏维埃政府，着手进行土地革命和镇压反革命。

1928年上半年，领导农民武装和广州起义部队红四师部分兵力，在海陆丰、普宁、惠来、潮州一带开展游击武装斗争，捍卫苏维埃政权。7月，在中共六大上当选中央政治局候补委员；11月，奉命赴上海，任中共中央农委书记、中央军委委员兼江苏省委军委书记。

1929年8月24日，因叛徒出卖而被捕，30日在上海龙华英勇就义，年仅33岁。